核の大分岐

既存秩序の溶解か
新規秩序の形成か

太田昌克

かもがわ出版

はじめに

実は内心、なかなか最後まで気が休まらなかった。二〇二一年一月二〇日にあったアメリカ合衆国大統領の就任式だ。通常なら、新旧二人の大統領が民主主義の殿堂である連邦議会議事堂で肩を並べ、聖書に手を載せた新大統領が就任宣誓するのを受けて正午きっかりに「核のボタン」が引き継がれる。

しかし今回、去りゆく第四五代大統領のドナルド・J・トランプは就任式欠席を早々に決め込み、二〇日朝ホワイトハウスから南部フロリダ州マー・ア・ラーゴにある別荘へと向かった。「トランプが就任式をサボタージュして、核のボタンの引き継ぎは本当に無事に行われるのか……」。一抹の不安が最後まで拭えなかった。

この就任式に二週間先立つ一月六日、同じ議会議事堂で第四六代大統領、ジョー・バイデン・ジュニアの当選認定手続きが行われる直前、トランプは首都ワシントン中心部で演説し、全米から集まった支持者に対し「死ぬ気で戦わなければ国を失う」と熱く訴えた。そして「議事堂まで行進するぞ。私も行く」と熱狂する聴衆に呼び掛けると、直後にトランプ支持者の一部は暴徒と化し、議事堂を襲撃した。前代未聞の出来事だ。しかも、事もあろうに、警官一人を含む五人が尊い命を失った。この日は恐らく未来永劫、合衆国の憲政史上、いや世界の民主主義の歴史にとって「恥辱の日」として刻まれることになろう。

この議事堂襲撃事件を日本からテレビ画面で見詰めながら、こう息をのまざるを得なかった。「再選失敗でトランプが半狂乱状態となり、就任式までの間、よもや核のボタンに手を掛けはしまいか……」。その半面「いくらトランプでもまさか、そこまでは」と願いながらも、トランプ同様、約半世紀前に弾劾訴追された第三七代大統領リチャード・ニクソンの酒乱を危惧して時の国防長官ジェームズ・シュレジンジャーが大統領命令だけで核ミサイルを発射しないよう、米軍内に注意喚起したエピソードを思い起こした。

「核のボタン」と呼ばれるが、あくまで俗称だ。実際、新大統領が継承するのはボタンではなく、「フットボール」と呼ばれるブリーフケースであり、「ビスケット」の名称で知られる掌サイズのカードだ。「フットボール」には核ミサイル発射を指示する通信用機器や発射命令の暗号、さらに実際どの核作戦計画を選ぶか「核戦争のオプション」を示す情報が入っている。この黒く分厚い皮の鞄は大統領お付きの軍人が絶えず持ち歩き、その主がどこへ行こうが四六時中、帯同する。

一方の「ビスケット」は、大統領が普段からズボンのポケットなどに入れて常時持ち歩く。万が一「ブリーフケース」を開く極限の事態が訪れれば、このカードに明示された暗号を使って大統領自身が「核のボタン」を司るアメリカ合衆国軍最高司令官であることを証明するのだ。

トランプは二〇一七年一月の大統領就任時、米ABCテレビのインタビューにこう語っている。「どんな破壊力を持っているのか説明を受けた。とても神妙な一時だった。ゾッとする話だ」。人種差別的な言動でたびたび物議を醸し、自らの政治目標達成のためには恥も外聞もなく、ただただ、なりふり構わぬ行動を取り続けた「異形の大統領」。そんなトランプをもってして神妙な思いにさせたのは、大統領就任に合わせ「核のボタン」を引き継ぎ、地球を何回も壊滅できる核戦力の壮絶極まりない破壊力を初めて説明された時だった。

私が懸念したところは杞憂に終わった。トランプ不在の大統領就任式は滞りなく執り行われ、トランプとともにフロリダへ旅立った「フットボール」は一月二〇日正午、そのお役目を終えた。と同時に、新大統領バイデンの手元にある「フットボール」が作動し始めた。「フットボール」は大統領の一大事に備えて副大統領用のものがあり、他にも予備があるとされる。鞄そのものを後任者に直接手渡さずとも、リモート操作で引き継ぎが可能とみられる。それでもトランプ退任のその瞬間まで、「アメリカ発の核リスク」への不安は消えなかった。

それにしても恐ろしいのは、地球を瞬時に壊滅できる核兵器の使用権限を「ボタンの主」である歴代米大統領が七〇年近く、単身握り続けてきた紛れもない事実だ。世界最強の核大国であり圧倒的な軍事強国であるアメリカ合衆国の頂点に再びトランプが君臨する、あるいは陰謀論とポピュリズムの落とし子である「第二のトランプ」がいずれ誕生して「核のボタン」を握るという展開は、今のアメリカを見ているとあながち絵空事とは言い切れない。

たった一人の人間が全人類の生殺与奪の権を半ば握っている現状は、長い目で見て決して人類と地球のためにはならない。議事堂襲撃事件を機にアメリカの識者の間では、大統領の持つ排他的な核使用権限に関する政策論争が活発化した。

前述の通り、「核のボタン」を譲り受けてゾッとする気持ちに襲われたトランプだったが、彼が最高権力者になってからというもの、核を巡る秩序は激しく乱れた。

一九四五年八月、広島と長崎に二発の原爆が投下され、この年の終わりまでに二〇万以上の無辜の民が核攻撃の犠牲となった。熱線や爆風がもたらした後遺症、また放射線の被害に今も苦しむ被爆者、さらに無残な形で家族を殺された遺族たちの「反原爆」の訴えは、核大国の為政者や軍人に少なからぬ畏敬の念を抱かせた。

そして米政治学者のニナ・タネンウォルドがその大著で体系的に実証したように、朝鮮戦争、ベトナム戦争、湾岸戦争で核使用のオプションが米政府内で検討されながらも、決して実戦使用されることはなく、核兵器を生身の人間に使うことはタブー（禁忌）となった。幸いなことに、この「核のタブー」は時間の経過とともに強靭化していった（Nina Tannenwald, *The Nuclear Taboo: The United States and the Nonuse of Nuclear Weapons Since 1945*, Cambridge University Press, 2007）。

しかし、だ。トランプからバイデンへの「核のボタン」の引き継ぎを憂慮せざるを得なかったことに象徴されるように、近年「核のタブー」は揺らぎを見せている。さらに、核使用のリスクが高まっているのではないか、と懸念せざるを得ない場面が増えた。

それは、トランプが「炎と怒り」との表現を用いながら北朝鮮の金正恩に核の脅しのメッセージを送った時であり、米海軍の戦略原子力潜水艦がいわゆる「小型核」を搭載して作戦航行を開始した時であり、ロシア大統領のウラジーミル・プーチンがアメリカのミサイル防衛（ＭＤ）網を突破するために原子力を推進力とする新型戦略兵器の開発を表明した時であり、「イラン核合意」が崩壊寸前となりイランの科学者らが金属ウランを生成し始めたとのニュースを聞いた時だった。

また、「核を持たず、作らず、持ち込ませず」の非核三原則を国是としてきた被爆国日本の政府が、二〇二一年一月に発効した核兵器禁止条約の策定交渉にも参加せず、北朝鮮と中国の脅威を理由にアメリカが差し掛ける「核の傘」にどっぷりと身を委ねる現状も、人知れず「核のタブー」を毀損しているのではないか……こんな疑念が脳裏をよぎらざるを得ない。

加えてサイバーや人工知能（ＡＩ）、ドローン技術、超音速兵器が核兵器と密接に絡み合って核のリスクを肥大化させている。そして、核大国同士の不和と諍いが、これら新技術の絡んだ「現代の核の方程式」に解を与える作業を一層困難なものとしている。さらに、国際核秩序の「礎石」と位置づけられてきた核拡散防止条約（ＮＰＴ）体制は北朝鮮核問題やイランの核開発で深刻な綻びを見せ、核兵器禁止条約を積極支持する一部の非核兵器国は、五大国の核保有をいつまでも正当化し続けるＮＰＴに見切りを付け始めている。

　本書はこんな「核の大きな分岐点に立つ世界」を解剖する目的で生まれた、核の現代史を俯瞰した一冊だ。扱ったテーマは、核軍縮・不拡散強化の国際協調に失敗するＮＰＴ体制、今世紀が始まるや否や核戦争の深淵を覗いたインドとパキスタンの「二頂点危機」、三度の米朝首脳会談にもかかわらず脅威が増大し続ける北朝鮮の核、イランの核開発阻止を狙い中東オマーンでの秘密交渉の末に結実したイラン核合意とその顛末、日本が三〇年前にたがをはめた中国の核の現在、「核同盟化」する日米同盟の現在地などだ。

　いずれも重要事件の中心にいた人物を探し当て、その肉声に耳を傾け、さらなる裏付けのための取材やリーサーチを繰り返すことで、確かな事実を究明する作業に努めた。その結果は被爆七五年の二〇二〇年、共同通信社の配信記事として加盟新聞社に届けられ、紙面掲載された。それら記事に加筆を施し書籍化したのが、読者の皆さまがお手に取られている本書である。

　まずは読者の皆さまに心から感謝の気持ちをお伝えし、この序文を閉じたい。そして第一章以降、ダイナミックに揺れ動く核の世界の今をどうかご体感いただきたい。

核の大分岐　既存秩序の溶解か　新規秩序の形成か　もくじ

1章　腐食するNPT

1. 決裂招いた中東決議

発効半世紀、揺らぐ礎石　「問われる正統性」

「集中的な努力にもかかわらず、会議は最終文書の草案を採択することができなかった――。これを会議の結論としますが、よろしいですね」

二〇一五年五月二二日、ニューヨークの国連本部。議長席に座るアルジェリアのベテラン外交官、タウス・フェルキは落ち着いた口調で聴衆に呼び掛け、木づちを打ち鳴らしながら静寂に包まれた議場に閉会を宣言した。

日本への原爆投下から七〇年となるこの年、五年に一度の核拡散防止条約（NPT）再検討会議が開かれ、加盟国は四週間の議論を続けた。しかし、核軍縮・不拡散に関する全会一致の最終文書はまとまらず、決裂した。

▽宿痾《しゅくあ》

前年の二〇一四年、ロシアがウクライナのクリミア半島を強制編入すると、アメリカは強く反発。以降、米ロの軍縮対話は完全に停滞した。世界にある約一万三千発の核兵器の九割を保持する二核大国のこんな動きに、国際社会の不満が募る中での一五年春の再検討会議だった。

核兵器国と非核兵器国の鋭い路線対立が顕在化した核軍縮分野に加え、専門家関係者が長年「NPTの宿痾」とみなす別の争点が、フェルキが采配を振るう会議の行く手を阻んだ。その宿痾とは、中東の非核化問題だ。

「中東非核兵器地帯の設立は一九九五年のNPT延長・再検討会議（の成功）に絶対不可欠だったし、今も妥当性がある。それは条約加盟国の優先事項なのだ」。フェルキが二〇一九年秋、書面インタビューに応じ、一五年の会議決裂の内幕を振り返った。

核拡散防止条約（NPT）

核兵器の拡散阻止を目的に一九七〇年三月、核兵器国のアメリカとソ連（現ロシア）、イギリスが中心となり発効させた条約。㈠核軍縮／㈡核不拡散／㈢原子力の平和利用――の三本柱で構成。加盟国は約一九〇。五年に一度、運用状況を点検し強化策を論じる再検討会議を開催する。米ロ英に加え、フランス、中国の五大国のみに核保有を認めたため、不平等性が指摘されてきた。独自に核武装したインドとパキスタン、イスラエルは未加盟。北朝鮮は二〇〇二年末の核危機再燃に伴い脱退を宣言。NPTが求める核軍縮の停滞に不満を募らせた非核兵器国は一七年、国連で核兵器禁止条約を採択した。

フェルキの言う一九九五年の会議は、NPTの規定により、条約を無期限延長するか否かを決める重大な岐路だった。

この時、同じ主権国家を「核を持つ者」と「持たざる者」に選別したNPTへの不平等感から、非核兵器国の間には無期限延長に難色を示す意見が少なくなかった。特に、中東の核兵器国でNPT未加盟のイスラエルと反目するアラブ諸国の抵抗は激しかった。

▽取引の代償

こうした状況で、無期限延長を何としても勝ち取りたいアメリカなどの核兵器国は会議中、非核兵器国と複数の取引を結ぶ。その一つがイスラエルにNPT加盟を促す「中東決議」だった。

ストックホルム国際平和研究所（SIPRI）によると、イスラエルは二〇一九年時点で最大九〇発の核兵器を保有。仮にNPTに入るなら、核放棄し、国際原子力機関（IAEA）の包括的な査察を受ける必要がある。

アメリカは一九九五年、盟友のイスラエルが核放棄を簡単に受け入れるはずがないことを承知で、アラブ諸国の求めた「中東決議」の採択を容認、核兵器国が目指すＮＰＴ無期限延長の取引材料を手にした。国連軍縮筋も「中東決議がなかったら、無期限延長もなかった」と断言する。

だが、この取引の代償はその後、国際核秩序の「礎石」であるＮＰＴ体制に重くのしかかった。

「中東決議は最も重大な懸案事項の一つであり続けている。とりわけ、この問題を巡る国際会議の開催を目指したプロセスが失敗に終わってからは……」。アラブ出身のフェルキはこう語り、二〇一五年再検討会議が頓挫した重大な要因として、イスラエルに核放棄を迫る「中東決議」の不履行を挙げた。

フェルキが議長を務める五年前にあった二〇一〇年の再検討会議は、米大統領バラク・オバマが「核なき世界」を訴え、ノーベル平和賞を受賞した追い風もあって成功を収めた。包括的な核軍縮・不拡散強化策をまとめた最終文書が採択され、「中東決議」が目標とするところの中東地域の非核化を論じる国際会議を二〇一二年に開くことで一致したのだ。

▽二重基準

ところが肝心の国際会議は、イスラエルを含む関係国の調整がつかず開催期限の二〇一二年を過ぎても開かれず、そのまま一五年春の再検討会議に突入した。フェルキは「中東決議」の履行を求める同じアラブの外交官からの圧力を感じながら、難しい議事運営を任されることになった。

それでも再検討会議が始まると、フェルキを励ます動きもあった。会議二日目、エジプトとイスラエルの外交団が接触し、ひそかに情報交換したのだ。しかしこの後、会議は迷走し破綻に至る。後景ではアメリカとイスラエル、イランの「核の三角関係」も微妙に絡み合った。

「イスラエルがＮＰＴに加盟せず、核を保有し続ける現状はＮＰＴ体制の腐食を表している。そして中東では根深い不満に油が注がれ続けている。問われているのはＮＰＴの正統性であり、公正さであり、二重基準を認めない保証だ」

こう強調するフェルキと米政府関係者の証言を基に次項で、決裂の経緯をさらに掘り下げる。

回顧と展望❶　暗たんたる現状――緊張はらむ米イラン

二〇一五年春に開かれたＮＰＴ再検討会議は、近年の不安定な核秩序を表象するかのごとく、散々な結末に終わった。いやむしろ、この会議の決裂こそが暗たんたる現状を招いたとも言える。

この再検討会議では、非核兵器国がＮＰＴ第六条の定める核軍縮義務履行へ向けた「法的枠組み」の必要性を力説したが、核兵器国が猛反発した。会議閉幕の一週間前の二〇一五年五月中旬、交渉筋は筆者の取材に対し「最終文書採択の可否は『二対八』から『一対九』」と言明し、いち早く悲観的な見通しを示していた。

実際に会議が失敗すると、オーストリアやメキシコを中心に核兵器禁止条約の交渉機運が一気に高まり、二〇一七年に国連で同条約が採択され、二一年一月に発効した。だが核兵器国と「核の傘」の依存国は核兵器禁止条約に反対し、非核兵器国との未曽有の分断が今なお進行中だ。国際社会は核軍縮で協働できる環境にない。

中東非核化問題も二〇一五年再検討会議の重大な争点だった。この会議期間中、非政府組織（ＮＧＯ）がニューヨークで開いた政府関係者らの非公式会合に出席したが、イスラエルを擁護する米高官と、中東非核化の早期実現を求めるイラン高官の議論は全くの平行線だった。

二〇一五年再検討会議の後、オバマ米政権と欧州の外交工作が奏功し、イランの核能力を制限する「イラン核合意」が成立したが、トランプ政権が三年後に一方的に離脱。これを境にアメリカとイランの緊張関係は一触即発の状態に陥った。現在のバイデン政権は核合意の再生に動いているものの、それが首尾よくいかなければ、イスラエルの対イラン攻撃の恐れも排除できない。

約二〇年前にNPT脱退を宣言した北朝鮮の核の脅威も増大傾向にあり、国際的な核秩序は溶解の一途にある。

2. 米、イスラエルに忖度

イラン含む核の三角関係　深まる断絶といびつさ

四週間に及ぶＮＰＴ再検討会議が最終週を迎えようとしていた二〇一五年五月中旬、アメリカ合衆国の重要人物がＮＰＴ未加盟の核兵器国イスラエルへひそかに飛んだ。ベテラン外交官のトーマス・カントリーマンだ。大統領オバマの下、核不拡散政策を主導する国務次官補の要職にあった。

ニューヨークの国連本部で開催中の五年に一度のＮＰＴ再検討会議が最終盤に差し掛かる中、米代表団幹部として会議に出席していたカントリーマンが、この局面でエルサレムを訪れた理由は他でもなかった。「イスラエルを驚かせないためだった」。カントリーマンその人が当時の内幕を取材に語った。

▽驚愕の首相

この会議の五年前にあった二〇一〇年の再検討会議は、核軍縮・不拡散強化策をまとめた最終文書が採択され、大成功した。中でも重要だったのが、中東非核兵器地帯の設立を目指す国際会議を一二年に開くという合意だった。

二〇一〇年再検討会議の最終文書にはこんなくだりがある。国際会議は中東地域のあらゆる国の自由意思による取り決めに従って開かれる――。特に、全関係国の事前同意を意味する「自由意思による取り決め」は、アメリカがこだわりを見せた表現だった。

なぜなら、中東非核化を目的とする国際会議開催が全関係国の事前同意を前提とする限り、イスラエルが会議の議題を了承し出席に応じなければ、アラブ諸国はイスラエルに核放棄を迫る場が持てないからだ。アメリカは中東で最も大切な同盟国イスラエルの国益を重んじたのだった。

だがそれでも、イスラエルは大いに不満だった。「イスラエルの首相ベンヤミン・ネタニヤフはホワイトハウスに連絡し、アメリカが（全関係国の事前同意を条件にしながらも中東非核化の国際会議開催に）原則合意したことに驚愕《きょうがく》したと伝えてきた」とカントリーマンが明かした。

▽最後の二四時間

「貧弱な関係」とカントリーマンも認めるように、実のところオバマとネタニヤフの間柄は険悪だった。パレスチナ自治区でユダヤ人入植活動を強引に進め、中東和平に後向きなネタニヤフにオバマは憤り、ネタニヤフは核技術を開発する天敵イランに弱腰すぎるとオバマをなじった。

　こんな経緯を踏まえ、二〇一五年NPT再検討会議の閉幕直前、米国務長官のジョン・ケリーはカントリーマンをエルサレムに派遣、イスラエルとの意思疎通を密にさせたのだ。そこには、ネタニヤフとの関係をこれ以上こじらせたくないオバマ政権の忖度《そんたく》が働いていた。

　肝心の再検討会議は、閉幕前の最後の二四時間に大きなうねりを見せる。

最終日前日の五月二一日、アメリカとロシア、アラブを代表するエジプトの外交官が、再検討会議議長のタウス・フェルキの元に集まった。最大の焦点である中東非核化国際会議の扱いを話し合うためだ。

アメリカとイスラエル

　アメリカは一九四八年のイスラエル建国以来、アラブ諸国と対立する同盟国のイスラエルを物心両面で支えてきた。国連安全保障理事会でもイスラエルの利益を代弁し拒否権を行使。最大九〇発の核兵器を持つとされるイスラエルはNPTに加盟せず、核保有を明確にしない「あいまい政策」を採用している。アメリカはニクソン政権（六九～七四年）がこれを黙認して以降、イスラエルの核保有を事実上是認してきた経緯がある。全米のユダヤ系有権者は共和、民主両党に強い影響力があり、イスラエルはワシントンを中心にロビー活動を活発に展開してきた。

一刻も早く国際会議を実現させたいエジプトはかねて「六カ月以内の開催」を唱え、イスラエルの事前同意は必要ないと主張した。これに対しアメリカは、イスラエルを含む全関係国の事前同意を開催の前提とするよう求め、話し合いは膠着《こうちゃく》状態に陥った。

行司役のフェルキは真夜中に及んだ協議をいったん打ち切り、再検討会議最終日の二二日朝に再度議論することをアメリカ、ロシア、エジプトに提案し、散会した。

▽どんでん返し

しかしこの散会からほどなく、どんでん返しが起きる。五月二二日午前二時、フェルキが最終日の協議を待たずに突如、合意文書の最終草案をまとめ、関係国に送付したのだ。

フェルキが示した最終草案にはアメリカの求めたイスラエルの事前同意を前提とする文言はなく、国際会議の開催期限は「二〇一六年三月」。最後までエジプトとの妥協点を模索した米国代表団には青天のへきれきだった。

カントリーマンは振り返る。「フェルキ議長は完全にエジプト案に乗ってしまった。真夜中の散会後、エジプトとロシアが議長のところに残り、エジプト案を採用するよう説得したのでは……」

フェルキはもともと、アラブの一角を占めるアルジェリアの外交官だ。そんな議長の出自が、同じアラブのリーダーであるエジプトに軍配を上げる結果に影響したのか。フェルキは書面取材にこう説明した。「（エジプトなど）非同盟諸国の案に立ち返ることにした。この案が広範な支持を集め、中東非核兵器地帯創設への機運を創出する内容だったからだ」

さらにフェルキは言葉を続けた。「オバマ政権の当時の優先事項はイラン核合意だったようだ。だからこそ、最終文書を採択しようとするＮＰＴ加盟国の総意に加わることを拒んだ」

アメリカがフェルキの最終草案に反対し、二〇一五年ＮＰＴ再検討会議が決裂した当時、オバマ政権はイランと核合意締結の最終局面にあった。だが核合意はイランの核技術開発を一部認めており、イスラエルが反発していた。そのイスラエルの軟化を促したいアメリカが再検討会議ではイスラエル擁護に回った――。これがフェルキの見立てだ。

この見方を支持する声は他から聞こえない。ただ、アメリカ、イスラエル、イランの「核の三角関係」が現下の国際核秩序をよりいびつなものとし、関係国間の断絶を深めていることは間違いない。

回顧と展望❷　混迷の中東、核ドミノも――希薄化する米ロ共闘

「エジプトが『あらゆる国の自由意思による取り決め』との言葉を受け入れてくれたら妥協も可能だったのだが……」。オバマ前米政権で国務次官補を務めたカントリーマン氏が二〇一五年のNPT再検討会議を回顧し、合意に到達できなかった内幕を明かした。カントリーマン氏らは決して、単純にイスラエルの国益を優先し、会議成功を阻んだわけではない。ギリギリまで外交努力を続けNPT強化の道を模索した。

そんな努力が報われなかった要因が複数ある。

まず、NPTの枠外の核兵器国イスラエルと、同国と戦争を繰り返してきたアラブ諸国の歩み寄りが最近まで進まず、中東和平が遠のいていた現実がある。そのため、中東の非核化を全当事者で議論できる環境になかったのだ。

さらにその後景には、中東和平に消極的なイスラエルのネタニヤフ首相と、中東和平を進めたいオバマ氏との確執があった。

また、カントリーマン氏が「ロシアが（対話の場から）消えた」と語るように、二〇一五年再検討会議では、NPTの生みの親である米ロ両国の協調関係が極めて希薄だった。

過去の再検討会議では成功を目指す米ロが緊密に連携を取ることがあったが、二〇一五年は全く違ったという。一四年にあったロシアのウクライナ領クリミアの強制編入が米ロ間の溝を決定的に深めた。

その後、トランプ政権はイラン核合意から離脱し、中東情勢は不透明さと不安定さを増している。イランは近年NPT離脱をほのめかし始めた。そうなれば、中東で「核拡散ドミノ」が倒壊、核リスクが一気に高まる恐れがある。

3. 核廃絶の約束反故に　加勢した北朝鮮とイラン

合意葬る「核のタカ派」

時はやや遡《さかのぼ》り、二〇〇四年師走の米首都ワシントン。再選を果たしたばかりのアメリカ合衆国大統領ジョージ・W・ブッシュの下で核軍縮・不拡散を所管する国務省当局者が匿名で取材に応じ、〇五年春に迫ったNPT再検討会議の米政府の対処方針をこう説明した。

「前回二〇〇〇年の再検討会議以降、核不拡散情勢は激変した。だからアメリカはもはや〇〇年の最終文書には固執しない。また『一三の核軍縮措置』を拘束力のある指針とも見なさない」

この当局者は当時の国務次官ジョン・ボルトン直属の担当官。合意がまとまらず、大もめの末に決裂した二〇〇五年のNPT再検討会議にも出席した。

彼の上司であるボルトンは、後の大統領トランプの補佐官も一時務めた「核のタカ派」、つまりアメリカの「核のパワー」を最大限活用し国益の最大化を狙う超強硬派だ。

▽脅威認識の変化

二〇〇〇年の再検討会議は、NPTで核保有が認められた米ロ中など五大国が核廃絶への「明確な約束」をうたった最終文書を採択し、大きな成功を収めた。

その最終文書には「明確な約束」など「一三の核軍縮措置」が合意事項として明記された。一三の措置には包括的核実験禁止条約（CTBT）の早期発効や弾道弾迎撃ミサイル（ABM）制限条約の堅持が含まれ、当時、民主党のウィリアム・クリントンが大統領を務めたアメリカも賛同した。

ところが二〇〇一年、共和党のブッシュ（子）政権が登場し米中枢同時テロを経験すると、イラクやイラン、北朝鮮を激しく敵視し始め、「ならず者国家」への核拡散を「最大の脅威」と位置づけるようになった。

そんな脅威認識の変化を受け、ブッシュ政権は「もはやロシアは敵でない」と宣言し、米ロの核戦力の均衡維持に重要な役割を果たしてきたＡＢＭ制限条約から離脱することを一方的に決めた。また、前任のクリントン政権が強く推進したＣＴＢＴの批准にも背を向けた。

さらにブッシュ政権は、地下に潜む敵国指導者らを殺害できる新型核兵器の導入にも乗り出し、「一三の核軍縮措置」はじめ過去の国際約束を反故にする動きに公然と出た。

▽つくられた基調

その背後には「核のタカ派」に加え、同じ超強硬派のネオコン（新保守主義者）がいた。ボルトンはそんな両者を結合させる象徴的な存在だった。

二〇〇四年四月、日本の軍縮大使を務めていた美根《みね》慶樹《よしき》は、ニューヨークで開かれた〇五年NPT再検討会議の準備委員会でボルトンがこう演説したのを鮮明に覚えている。「イランは不拡散体制に対する最も深刻な挑戦の一つ。大規模な秘密の核兵器計画を一八年もの間隠してきた」

この二年前の二〇〇二年、イランの反体制派が同国の核開発計画を国際社会に暴露していた。この秘密の暴露が示したイランの不穏な動きにいきり立ったのが、親イスラエルのネオコンと「核のタカ派」だった。

また同じ二〇〇二年末、北朝鮮は寧辺《ニョンビョン》で核開発を再開し、〇三年初頭にはNPTからの脱退を表明した。ボルトンらは〇五年再検討会議の〝照準〟を核軍縮推進ではなく、イランと北朝鮮を狙い撃ちにする核不拡散強化に絞り込んでいった。

「二〇〇四年のボルトン演説が〇五年再検討会議の基調をつくった。『イランも北朝鮮もNPT違反だ。だから一九九五年と二〇〇〇年の再検討会議の合意を追認するだけでは済まない』。これこそがアメリカの求めた基調だった」

当時をこう振り返る美根が続けた。「そうした意味で、北朝鮮もイランも核軍縮に不熱心なブッシュ政権のネオコンに加勢したと言える」。北朝鮮とイランの核問題を重大視するのと反比例する形で、ブッシュ政権の核軍縮軽視に拍車が掛かったのだ。

▽完全な失敗

二〇〇五年五月初旬、ＮＰＴ再検討会議が開幕し、四週間もの長い議論がニューヨークの国連本部で始まった。だがその結末は、日本代表団を率いた美根の予測通りの展開をたどる。

米代表団は会議中、イランをやり玉に挙げる半面、核軍縮では後ろ向きな態度に終始した。前回の再検討会議で合意した「（核廃絶への）明確な約束」の踏襲を拒み、たとえ遠回しな表現であっても、核廃絶を公約することに最後まで抵抗し続けた。

軍縮担当の国連事務次長として二〇〇五年の再検討会議の運営に携わった阿部信泰《あべのぶやす》も「アメリカは一九九五年と二〇〇〇年の成果を引用することに断固反対した」と証言する。

ＮＰＴの合意

一九七〇年発効のＮＰＴは五年に一度開かれる再検討会議に加盟国が参加し、その運用強化策が議論されてきた。コンセンサス（総意形成）方式で合意がまとまれば、最終文書が採択される。近年では二〇一五年会議が中東非核化の問題がネックとなり決裂。二〇一〇年は具体的な核軍縮措置などを盛り込んだ「行動計画」で合意した。二〇〇五年は決裂。二〇〇〇年は核兵器国が核廃絶への「明確な約束」を初めて表明した。ＮＰＴが無期限延長された一九九五年にも合意がまとまった。合意形成に当たっては、アメリカ、ロシアなど核兵器国の軍縮に対する態度が鍵を握る。

そんなアメリカの軟化を促そうと、美根は会議終盤、米代表団に二国間協議を申し入れた。しかし「行き違いがあったのか、米代表団は指定した会場に現れなかった」。

また核不拡散一辺倒のアメリカにイランが猛反発し、中東非核化の実現を求めるエジプトもこれに同調する格好で、最後までアメリカと鋭く対立した。その結果、会議は総意形成に至らず、二〇〇〇年の成果である「一三の核軍縮措置」も棚ざらしとなった。

「あの会議は完全な失敗だった」と二〇〇五年の当時を振り返る美根。ボルトンはこれから一三年後、トランプ政権の中枢に入り、ロシアとの核軍縮条約を破棄するなど、軍縮より軍拡の路線にアメリカを誘導した。

回顧と展望❸　忘れ去られたアジェンダ——議論進まぬNSA

半世紀以上前の一九七〇年に発効したNPTはもともと二五年の時限付きだった。それが九五年に開かれた延長・再検討会議で、加盟国の総意をもって無期限延長されることになった。

その際、重大な役割を果たした要素が二つある。一つはNPT未加盟のイスラエルに核放棄と条約加盟を促す「中東決議」の採択。もう一つは「消極的安全保障（NSA）」を巡る合意だ。

NSAは、核兵器国が非核兵器国に核を使用したり、核で威嚇したりしないことを保証する概念だ。NPTが五大国のみに核保有を認める不平等条約であることから、非核兵器国が求め続けてきた。

一九九五年のNPT合意には「（NSA実現へ向けた）一層の措置が検討されるべきだ。そうした措置は国際的に法的拘束力を有する文書の形をとることがあり得る」との文言が盛り込まれた。

また二〇〇〇年の再検討会議では「法的拘束力を持つNSAは核不拡散体制を強化する」との認識で加盟国が一致した。

しかし、二〇〇五年再検討会議でNSAの議論は進まず、ブッシュ（子）政権はイランと北朝鮮の核問題に多くのエネルギーを傾注し、NSAはいつしか「忘れ去られたアジェンダ（課題）」となってしまった。

こうしてNSAの議論がないがしろにされていった経過は、非核兵器国の目には「核軍縮の後退」と映ったのだろう。それが、二〇一七年に核兵器禁止条約が国連で採択される遠因になったとも言える。

2章　核の火薬庫

1. 核の死線、国家消滅も

印パの「二頂点危機」 二〇〇二年、全面戦争の恐れ

ニューヨークの世界貿易センタービルなどに民間機が突っ込んだ米中枢同時テロから三カ月後の二〇〇一年一二月一三日、今度は地球の裏側に位置する南西アジアに〝激震〟が走った。インド・ニューデリーの国会議事堂がイスラム過激派の襲撃を受け、犯人を含む十数人が死亡したのだ。

インド首相のバジパイは関係閣僚会議を緊急招集した。そして、パキスタンと領有権を争うカシミール地方のインドからの分離独立を訴えるイスラム過激派組織の犯行を疑い、テレビ演説で「最後まで断固たるやり方で戦い抜く」とパキスタンを鋭くけん制した。

▽一触即発

数日後にインド警察当局が、パキスタン情報機関が事件に関与したとの見方を示すと、印パ関係は急速に悪化した。両国はその後、カシミールの実効支配線（停戦ライン）沿いの部隊配備を増強し、一〇〇万人規模の兵力が国境沿いに展開する一触即発の状態に

陥った。

「これが最初のピーク。当初パキスタン政府から日本にあまり説明はなかった」。パキスタン駐在の日本大使だった沼田貞昭《ぬまたさだあき》＝一九四三年生まれ＝は「二頂点（ツインピークス）危機」と呼ばれる二〇〇一～〇二年の有事をこう回想し始めた。

パキスタン大統領のムシャラフは二〇〇二年一月一二日、インド側が事件との関係を指摘するイスラム過激派組織の活動禁止など、新たな過激派対策を発表するが、インドには全く不十分だった。インド軍は同二五日、核搭載可能な弾道ミサイル「アグニ」の発射実験を行い「カシミール問題では譲歩しない」とのシグナルを送る。

極度な緊張が続く中、三月にムシャラフが訪日し、翌四月には日本・パキスタン国交

インドとパキスタン
ヒンズー教徒が大多数のインドとイスラム教を国教とするパキスタンは一九四七年、イギリス領からの独立時に分離した。イスラム教徒が多いカシミール地方を巡っては両国が領有権を主張し、四七年と六五年、七一年の三度にわたり交戦した。双方の争いは核開発競争に発展し、共に核兵器保有国となり核拡散防止条約（ＮＰＴ）には未加盟。包括的核実験禁止条約（ＣＴＢＴ）にも未署名のままだ。ストックホルム国際平和研究所によると、二〇二〇年の時点でインドは推定一五〇発、パキスタンは同一六〇発の核を保有している。

樹立五〇周年記念行事が行われた。

沼田によると、ムシャラフは東京で「核実験を再開する最初の国にはならない」と明言し、日本が求める包括的核実験禁止条約（ＣＴＢＴ）署名についても「個人的には問題ないと考えるが、国内の総意が必要であり、努力したい」と述べた。

▽潮目

しかし、これから二カ月後の五月一四日、危機は二つ目のピークに直面し、印パ間の軍事的緊張は極限へと達する。

同日朝、インド北部ジャム・カシミール州の陸軍施設が武装グループの襲撃に遭い、約三〇人が殺害されたのだ。イスラム過激派が犯行声明を出し、通学中のインド人児童や兵士の妻が多数犠牲になったことから、インドは怒り心頭に発した。

一五日に首相のバジパイがインド国会で非道な事件に「立ち向かう」と決意表明すると、パキスタン軍が警戒態勢を最高度に引き上げたとの情報も飛び交い、カシミールの実効支配線では両国軍の銃撃と砲撃が激しさを増した。

「核戦争の危険を一番感じたのはこの頃だった……」と述懐する沼田。潮目が一気に変わったと直感した沼田は大使として情報収集に奔走した。パキスタン国内には当時七〇〇人以上の邦人がおり、彼ら彼女らの命を守るのが外交官としての最大の使命だからだ。

▽戦慄のシナリオ

情報収集の軌跡を記す手書きのメモが、今も沼田の手元に残っている。沼田が情報源として最も頼りにしたのは三人だった。

核戦略に精通するパキスタン国防省の元幹部、軍人だったムシャラフを指導した経験もある軍出身の元パキスタン外相、そして、ある西側核兵器国の駐イスラマバード大使。

国境沿いに大量動員した兵士同士がにらみ合う印パ両国はこの時、まさに「核の死線」を越えるか越えないかの局面にあった。沼田は六月上旬、国防省の元幹部から、こんな「考えられ得るシナリオ」を聞かされた。

インドが実効支配線を越えてパキスタン領を空爆。地上侵攻が始まり、事態は国境全域での全面戦争に発展する。軍勢で劣るパキスタンは死に物狂いとなり、核兵器でインドの侵攻部隊を攻撃。さらに国土が狭小で戦略的にも不利なパキスタンがインドの対都市核攻撃に踏み切る。そうなると、パキスタンはインドの核報復で消滅する――。

それは一つの国家が核兵器で滅亡する「戦慄《せんりつ》のシナリオ」であり、南西アジアが「核の火薬庫」であることの証左だった。

沼田は六月三日、イスラマバードの日本大使館に邦人を集め説明会を開いた。「国外退避を真剣に考えてほしい」と訴えると、参加者からは「商業機の運航が止まればイスラマバードに籠城するしかないのか」との質問が出た。

沼田は言葉を選び、冷静に答えた。「実効支配線を越えて両国国境まで戦線が拡大し、通常兵器による全面戦争、さらにエスカレートすると、核兵器が全く使われないという想定で物事を考えるわけにはいかない」

まさにこの時、核拡散防止条約（ＮＰＴ）に背を向け核武装したインドとパキスタンは核交戦の瀬戸際にあった。

回顧と展望❹　核リスク解消せず――戦略バランスに変化

「パキスタンの政策は信頼の置ける最小限抑止。わが国は隣国の脅威に反応しているだけで、世界の核競争とは何の関係もない」。二〇一五年に長崎で開かれた国際会議で、パキスタン軍関係者がこう発言した記録が取材メモに残っていた。

この関係者はかつてパキスタンの核政策に関与し、有事の核使用の是非を巡り大統領に助言を行う立場にあった大物だ。

最小限抑止とは、一定の損害を相手に与える核報復能力を最低限持つことで抑止力を確立する戦略だ。地球全体を破壊できる大量の核兵器を米ソが持ち合った冷戦時代の「相互確証破壊（ＭＡＤ）」とは性格を異にする。

インドも最小限抑止を掲げるが、近年、パキスタンとの戦力バランスには微妙な変化が生じている。

イスラム過激派のテロに悩まされ、パキスタン情報機関の介入を強く疑うインドはパキスタンを意識して、通常戦力の機動性を向上させた。対するパキスタンは戦場使用も想定した戦術核を増強し、核に比重を置いた抑止力強化を進めてきた。

「インドは通常兵器でギャップを埋め、パキスタンは戦術核でギャップを埋める。安全保障で妥協はできない」。長崎での国際会議の場で先のパキスタン軍関係者はこうも強調した。

インドは二〇一九年二月、ジャム・カシミール州の治安部隊へのテロ攻撃を受け、実効支配線（停戦ライン）を越えてパキスタン側を空爆、緊張が一気に高まった。「核の火薬庫」である南西アジアの核リスクは、決して今も解消されていない。

2. 現実味帯びた限定核戦争

「放射能の灰」拡散も　印パの交戦見越し邦人退避

二〇〇一年一二月一三日のイスラム過激派によるインド国会議事堂襲撃、その半年後の〇二年五月一四日のインド北部ジャム・カシミール州での陸軍施設襲撃事件。立て続けに深刻な被害に見舞われたインドは、パキスタン情報機関の関与を強く疑った。

そして印パ両国が総勢一〇〇万人規模の部隊を国境沿いに集結させる中、二つの核兵器国が鋭くにらみ合う「二頂点（ツインピークス）危機」は二〇〇二年夏、クライマックスを迎えようとしていた。

▽暴論

六月三日にイスラマバードの日本大使館で、邦人に対し国外退避の検討を促した駐パキスタン大使、沼田貞昭はこの数日前、地元英字紙主催の公開セミナーに出席した。参加したのはパキスタンの外務省高官や主要政党幹部、軍関係者、専門家、さらに各

印パの核政策

インドはカナダやアメリカから輸入した原発用資機材を使ってプルトニウムを生成し、一九七四年に初の核実験を行った。九八年に再び核実験をすると、パキスタンも初核実験を強行。インドは相手の核攻撃まで核を使わない「先制不使用」を採用している。だが、二〇一九年にシン国防相が「将来どうなるかは状況次第」と表明するなど、見直し論も時折浮上する。また、生物・化学兵器攻撃への報復措置としての核使用も完全排除していないとされる。一方、パキスタンはインド軍による侵攻を念頭に核兵器を先に使う選択肢を温存している。

国の外交官。沼田によると、セミナーの場では、次のような議論が交わされた。

「印パ間の戦争だけは何とか避けなければならない」

「そのためには（両国が領有権を主張する）カシミールの実効支配線越えの対印侵入活動は抑制される必要がある」

「パキスタン情報機関にしてみれば、対印侵入活動への支援停止という代償もやむを得ないだろう」

議論が続く中、沼田はハッとする発言に出くわす。ある出席者が「それでも限定核戦争はあり得る」と言明したのだ。

暴論だ――。そう思った沼田は発言を求め、聴衆に訴えた。「核使用のオプションは自殺行為以外の何物でもない」

ジュネーブの軍縮代表部での勤務経験もある沼田はさらに言葉を続けた。

「数年後に放射線被害で亡くなった人もいた広島、長崎の犠牲者数を思い起こしてほしい。インドとパキスタンの人口を鑑みると、核兵器を伴う全面戦争になれば死者は最大一二〇〇万人になる」

この頃、米紙ニューヨーク・タイムズが印パ間の核戦争で即座に最大一二〇〇万人が犠牲になるとの米国防総省の推計を報じていた。沼田は、限定核戦争が決して限定的なものとならず、核が一度使われたら、国家の存亡すらかかる極限状態に陥ると警告したのだ。この発言後、パキスタン国防省の元幹部やバングラデシュの駐イスラマバード大使らが沼田に賛意を伝えに来た。

▽違う次元

同じ頃、インド側の緊張状態も危険水域に達していた。一九九八年から日本の駐インド大使を務める平林博《ひらばやしひろし》＝一九四〇年生まれ＝も「今回ばかりは次元が違う」と危機感を募らせていた。

「二〇〇一年一〇月、パキスタンを拠点とするイスラム過激派がインドのジャム・カシミール州議会を襲撃した。犠牲者が多数出たが、インドはいつも通り（大規模な反撃を行わず）自制的だった。しかし一二月の国会議事堂襲撃は全然違った。インド人が誇りとする民主主義の殿堂、その心臓部がやられたのだから……」

こう回想する平林は二〇〇一年末から〇二年にかけて、インド軍兵士が列車や軍用車両でパキスタン国境付近に送られ、パキスタンのカラチ沖にインド海軍の艦船が展開する事態に接しながら「第四次印パ戦争になる可能性が極めて高い」と思ったという。

「五〇万もの軍隊を国境沿いに集めたら、普通はそれで収まらない。パキスタンも同じ規模の動員をかけており文字通り一触即発。何が起きてもおかしくなかった」と当時の緊張を振り返る平林。

そして二〇〇二年五月一四日、インド軍兵士の妻や子供らも犠牲となるジャム・カシミール州の陸軍施設襲撃事件が起きると、平林の言う一触即発の状態はさらに先鋭化する。

沼田同様、平林も邦人保護のためにこの間、情報収集に走った。インドには当時、約二千人の邦人がいた。平林は懇意のインド国防相ジョージ・フェルナンデスやインド駐在のアメリカ大使らと頻繁に接触した。そして得られた感触は「印パ間の戦争は十分あり得る」だった。

▽フォールアウトの恐怖

「核戦争の脅威を懸念している」。六月三日、平林は日本大使館に集まった邦人約二〇〇人に向かってこう訴え、可能な範囲での出国を促した。出国勧告の背景には、平林が想定した次のようなシナリオが存在した。

インドがパキスタン国境を越え侵攻し、パンジャブ州の大都市ラホールに迫る。ラホール陥落を阻止したいパキスタンが短距離型の戦術核を使ってインド軍の侵攻部隊を撃退すると、インドも戦術核で応戦。核爆発で出た大量の放射性降下物（フォールアウト）が偏西風に乗り、邦人が多く住むニューデリーやコルカタに降り注ぐ――。

平林は緯度の関係で「放射能の灰」が九州や四国にまで届くリスクも心配した。と同時に、いずれ商用機が飛ばなくなる有事に備え、邦人脱出の手段として米軍空母や日本の政府専用機の活用を念頭に置き始めた。


戦争突入が不可避とみられ、核使用すら危ぶまれた印パの二頂点危機はクライマックスを迎えていた。

回顧と展望❺　続く熾烈な核開発競争――日本の企業も過去に関与

二〇一一年冬のことだ。パキスタンの「核開発の父」、A・Q・カーン博士に一九七〇年代以降、核兵器開発に必要な資機材を複数の日本企業が大量に輸出していた実態を同僚記者らと報じた。

博士との取引きに直接関与した日本人ビジネスマンは、一九八〇年代に少なくとも六千個の特殊磁石「リングマグネット」をパキスタンに輸出したと証言した。リングマグネットは、核兵器原料の高濃縮ウランを生産する遠心分離機の回転部分を支える重要な部品だった。

「とても磁力の強い特殊磁石だった。（計器が狂わないよう）磁力を消して飛行機に載せた。行き先はカラチだった」。生々しい証言が今も記憶に残っている。

報道して間もなく、在日インド大使館の幹部が接触してきた。ランチを交えての意見交換だったが、開口一番こんな質問をぶつけてきた。「報道にあるような取引が今も日本とパキスタンの間で続いているのか」

報じたのはいずれも過去の話だったため「現状は確認できない」としか答えるほかなかっ

たが、インドとパキスタンの熾烈《しれつ》な核開発競争の一端を垣間見た思いだった。

二〇二〇年の段階でインドの核保有数は最大一五〇発と推計されるのに対し、通常戦力でインドに劣るパキスタンはやや多い同一六〇発。

日米欧がインドとそれぞれ原子力協定を結んだことで、インドは民生分野でプルトニウムを増産する体制を取ることも可能になった。こうした近年の動きも、印パの核開発競争と決して無縁ではない。

3. 米、威信かけ戦争回避
直談判で出口見いだす「核戦争に勝者なし」

二〇〇一年末のインド国会議事堂襲撃を受け、インドとパキスタンは国境付近に計一〇〇万人規模の兵力を動員した。そして〇二年五月一四日、パキスタンに拠点を置くイスラム過激派がインド北部ジャム・カシミール州の陸軍施設を襲撃すると「三頂点（ツインピークス）危機」はいよいよ極限状態に陥った。核交戦を懸念する現地の日本大使館も在留邦人に早期退避を促し始めた。

▽空気の変化

米首都ワシントンの空気も、五月の陸軍施設襲撃事件を機に一変した。インド兵の家族が多数殺傷される残忍な事件だったからだ。「私もパウエル国務長官も陸軍施設襲撃は国会議事堂襲撃より深刻だと思った。印パが戦争に向かうとアメリカの分析官が考え始めたのはこの時だった」。当時の米国務副長官リチャード・アーミテージ＝一九四五年生まれ＝が振り返る。

国会襲撃があった二〇〇一年末の時点で、ブッシュ（子）米政権の最優先課題は、米中枢同時テロの首謀者らが潜むアフガニスタンでの対テロ戦だった。それが一息つくや否やカシミールでの陸軍施設襲撃事件。強硬派のネオコン（新保守主義者）が対イラク開戦へと歩を進める中、大統領のブッシュは印パの紛争解決を政権内穏健派のアーミテージとパウエルに委ねた。

二〇〇二年末の時点で、ブッシュ（子）米政権の最優先課題は、米中枢同時テロの首謀者らが潜む五月二二日、インド首相のバジパイが国境近くの前線基地で兵士らに「決定的な戦いの時が来た」と訴えると、アーミテージは焦燥感を募らせた。

ただ一方で、バジパイはこの直後に数日間の休暇を取った。そんなちぐはぐな対応を目の当たりにしながらアーミテージは「バジパイには戦争の準備ができていない」と考え、和平交渉の窓が開かれていると直感した。

▽丁々発止

この頃、アーミテージとパウエルは、印パ情勢に精通する情報当局者らを国務長官室

アメリカと印パ

冷戦時代、アメリカはパキスタンと、インドはソ連との協調関係を深め、米印関係は比較的低調だった。冷戦終結後は米印間の軍事協力が進展、共同演習が重ねられた。一九九八年に印パが核実験に踏み切るとアメリカは経済制裁を発動するが、二〇〇一年九月の米中枢同時テロを受け、制裁を解除した。「9・11」実行犯の国際テロ組織アルカイダが潜むアフガニスタンに対する軍事攻撃を進めるに当たり、印パとの関係を緊密化させた。アメリカはインドと原子力協定も締結。近年、日米は中国を意識して「自由で開かれたインド太平洋」構想を推進、インドとの戦略関係を強化している。

に集めて意見を聞いた。「この中で戦争になると思う者は」。二人がこう尋ねると、大半の者が手を挙げた。

「核兵器をミサイルや砲弾のように単なる兵器の一種としてしか見ていない節がある」。印パ両国の核政策にかねてからこんな違和感を抱いていたアーミテージはこれ以降、パウエルと二人三脚で出口戦略を模索した。そして自ら特使として両国に赴き、大国アメリカの威信をかけて戦争回避の仲裁外交に乗り出すことを決めた。

六月六日、アーミテージはイスラマバードの大統領宮殿でパキスタン大統領のムシャラフと会談する。

「(印パが領有権を争う)カシミールにはテロリスト訓練キャンプは存在しない」と言い張るムシャラフに対しアーミテージは反論した。「写真がある。私は訓練キャンプの写真を見たのです」

相次ぐ対印テロ攻撃へのパキスタン情報機関の関与を疑うアーミテージは、実行犯のイスラム過激派が写真にある訓練キャンプを拠点にしていると示唆した。

それでもムシャラフはキャンプの存在を一貫して否認する。丁々発止の議論が続く中、たまりかねたアーミテージは語気を強めた。「私にはインドとの交渉材料が必要なのです。インドは激怒している。彼らも私も訓練キャンプの存在を確信している。せめて『カシミールの実効支配線（停戦ライン）越えの対印侵入活動は行われない』と明言してもらえませんか」

▽偶発戦争の恐れ

ムシャラフは根負けしたのか、アーミテージの要求に応じ「停戦ライン越えの対印侵入活動は行われない」とのメッセージをインド側に伝達することに同意した。

「行われない」との表現は、過去の侵入活動を不問に付す言い回しだったが、アーミテージは緊張緩和への糸口としては十分だと考えた。

またアーミテージは、ムシャラフにこう念押しすることを忘れなかった。「もし核兵器を使えばインドも使うでしょう。そうなれば勝者はいません」

翌六月七日、今度はアーミテージがニューデリーでバジパイらインド首脳部と向き合った。「ムシャラフなど信用できない」とインド政府内の強硬派が発言する中、アーミテージは「停戦ライン越えの対印侵入活動は行われない」とのムシャラフのメッセージを伝えた。

数十万の兵力を半年近くも国境沿いに張り付け続けるインドも本音では、出口を欲していた。そんなインド側がムシャラフのメッセージを公表したいと提案すると、アーミテージは応諾した。インドはムシャラフの言葉を国内外に宣伝することで、パキスタンが譲歩したとの印象を醸成し、自らの矛を収めることにしたのだ。

結局、印パ双方とも戦争を望んでいなかった――。二頂点危機をこう総括するアーミテージだが、「偶発的に戦争が起こる可能性は十分あった」とも取材に回顧した。「あれだけの兵力が近くに展開し、停戦ライン越えの砲撃が時折あったのだから……」

この危機から一七年後の二〇一九年二月、イスラム過激派の越境攻撃を受けたインドは停戦ライン越えの空爆をパキスタンに見舞った。現代に続く核兵器を持つ隣国同士の軍事衝突。南西アジアは「核の火薬庫」のままだ。

回顧と展望❻　くすぶる火種、今も――リアル知る「つわもの」

日米両国では知日派の代表格として知られるアーミテージ氏だが、インドとパキスタンとの付き合いも深い。一九八六年には当時の米国防長官のインド訪問を国防次官補として支え、インドへの防衛技術移転も推進した。

パキスタンとの関係では、一九七九年のソ連のアフガニスタン侵攻を受け、親ソ勢力に対抗するムジャヒディン（イスラム戦士）を八〇年代に支援した。「国防総省を代表して三カ月に一度はパキスタンを訪れていた」という。

そんなアーミテージ氏は、今なお印パ間には紛争の火種がくすぶると警鐘を鳴らす。「今度インドで大規模テロが起きれば、インド軍はパキスタンを攻撃する。パキスタン領を占領することはないが、凄惨《せいさん》な報復を行うだろう」

アーミテージ氏は、一五〇人以上の犠牲者を出した二〇〇八年のムンバイ同時テロに匹敵する攻撃に「インドはもはや耐えられない」と強調した。さらに現在のモディ政権がヒンズー至上主義に根差した強硬路線に傾いており、そのことがインド側の許容値を大きく引き下げていると解説した。

二〇〇〇年代前半にアメリカ外交を主導したアーミテージ氏と盟友パウエル氏。「歴戦のつわもの」でもある二人は自らの戦場体験に立脚し、核兵器国が絡む軍事リスクの〝リアル〟を皮膚感覚で認識していた。

3章　日本とNPT

1. 命運かけた非核の選択

被爆国批准の舞台裏　強硬派、幻影に固執

半世紀近く前の一九七五年一月、東京・霞が関。外務省の一室に外相の宮沢喜一や外務事務次官の東郷文彦《とうごうふみひこ》、外務審議官の有田圭輔《ありたけいすけ》ら幹部が集まった。

「核拡散防止条約（NPT）署名から五年だ。国際的に見ても放置できない」「（核武装の選択肢を残すためにNPTに縛られないという）フリーハンドは実態のない見せかけだ」「日本はエネルギー不足。核燃料獲得で日本のプラスになる」

参加者から意見が出尽くした後、外交当局としてこんな総意が形成された。

「日本はNPTを批准せざるを得ない」

▽大臣御前会議

外務省国連局政治課で当時、NPTを担当していた数原孝憲《かずはらたかのり》＝一九三五年生まれ＝の手帳には「大臣御前会議」との表題で、この時のやりとりが残されていた。

「署名から五年もNPTをほったらかし、『日本は核兵器を持とうとしているのではな

いか』との疑惑を国際的に持たれかねない、との議論を省内で随分やった」。古びた手帳をめくりながら、数原が往時を回想する。

ＮＰＴ批准に向けた外務省内の意思統一は既に図られ、自民党内ハト派として知られる首相の三木武夫も一月二四日、施政方針演説でこう表明した。

「核武装は論外。ＮＰＴについては（国内の原子力施設への査察に関する）条件が満たされた上で、批准のための手続きを進める考えだ」

それでも、日本から核武装のオプションを奪い去るＮＰＴに対しては、自民党の保守強硬派を中心に依然としてアレルギー反応が強かった。

「ＮＰＴ批准を進めれば政権が吹っ飛ぶかもしれなかった」と述懐する数原。「非核の

日本とＮＰＴ
核兵器の拡散阻止を主目的とする核拡散防止条約（ＮＰＴ）は一九六八年に各国の署名が始まり、七〇年三月に発効した。日本は条約発効直前の同年二月に署名。だがその後、国会で批准を認める手続きが進まず、三木武夫首相が七五年一月に批准方針を初めて表明、一年半後の七六年六月にようやく批准にこぎ着けた。条約づくりを主導したアメリカは一貫して日本に批准を促し続けた。日本の批准が遅れた背景には、五大国にのみ核保有を認めたＮＰＴの不平等性への反発や、日本の民生用原子力利用への制約に対する懸念があった。政界の一部には、核武装の選択肢を完全排除することにためらう向きもあった。

選択」に舵を切った三木の演説を受け、数原は以降、政権の命運をかけ政界や関係者への根回しを展開していく。

▽一年で核爆弾

数原がNPT批准へ向け工作を進めるに当たり、頼りにした人物がいた。当時の自民党幹事長、中曽根康弘のブレーンで軍事専門家の桃井《ももい》真《まこと》だ。

「二／二一桃井」と記した数原の手帳には、一九七五年二月二一日に意見交換した桃井とのやりとりが小さな文字でつづられていた。「爆弾でなくシステムだということ 探知 誘導 運搬手段」「システムで抑止力になる」

桃井は数原に、核兵器を持つことの戦略的な含意を次のように解説した。

核保有とは単に核爆弾を持つことではない。標的を確実に仕留めるため、誘導機能を備えたミサイルなどの運搬手段が不可欠で、兵器としての統合されたシステムこそ重要。それが機能して初めて核抑止力になる――。

「爆弾は一年でできる」。手帳にはそんな記述も登場する。「日本は技術的に持てるんだ。核爆弾は難しくない。一年なら持てるよ、と今井さんも言っていた」と補足する数原。

「今井さん」とは、日本原子力発電の技術部長や外務省参与を歴任し、日本政府にも隠然たる影響力を持ち続けた原子力界の重鎮、今井隆吉《いまいりゅうきち》。法学部出身の数原は、今井の専門的な知見に負うところが少なくなかった。

▽竹みつ

核に関する助言を数原に授けた桃井も今井も、もうこの世にはいない。ただ桃井は生前の二〇〇一年、一九七〇年一月発足の第三次佐藤栄作内閣で防衛庁長官を務めた中曽根の下で核武装研究を行っていたことを認め、筆者のインタビューにこう証言している。

「学者や科学技術庁の審議官らが参加して月一回のペースで（研究会が）行われた。核については二年ほど研究した。まず潜水艦（搭載用の核戦力）だが、技術的に国産化は無理との結論が出た。次に戦闘機を研究したが、国内に練習場がないから無理ということになった」

日本がＮＰＴを批准し核保有の可能性に道を閉ざすべきか否か、重大な岐路を迎えていた一九七〇年代、技術的に見て大きなハードルは、桃井が数原に説いた「兵器としてのシステム」だった。

桃井はこうも語った。「（敵の核攻撃に対して即座に核で応戦する）第二撃をやると言っても、レーダーがないから（敵の）第一撃を探知できない。結局、日米安保が一番安上がりということになった」

数原も、当時の保守強硬派の一部が固執した日本の独自核武装論について「（真剣を模した）竹みつだった」と言明。日本の核保有は幻影にすぎず、桃井同様、「核の傘」を日本に提供するアメリカとの同盟関係が最も確実と考えていた。

桃井との意見交換を記した数原の手帳にはこんな件もある。「日本は防衛で何もしない。経済でも米戦略に非協力。その上NPTにも入らない（米の戦略に従わぬ）。核持ち込みもダメ。勝手わがままにも程がある」

回顧と展望❼　不拡散の標的は日独――外務省内にも核武装論

核保有をアメリカ、ロシア、中国、英国、フランスに限定したNPTは、「日本とドイツにいかにして核を持たせないか」（数原孝憲氏）との観点から整備された国際法だ。つまり、旧敗戦国で工業技術立国の日本とドイツ（冷戦中は西ドイツ）を主な標的とした国際レジームだった。

実は、日本がＮＰＴに署名する前の一九六〇年代、後に批准を推進する立場となる外務省の中にも独自核武装を唱える声があった。

開示された外交文書によると、一九六八年一一月二〇日、外務省の一室に幹部らが集まり、ＮＰＴと日本の核保有に関する議論がひそかに行われた。

「ＮＰＴの寿命は一〇年ないし一五年」「日本は一九八五年ごろまでには核武装しているだろう」。いずれも、議論のたたき台として用意された報告書に登場する記述だ。そして、会議出席者からは次のような意見が出された。

「日米安全保障条約がなくなったら国民感情も変わるかも。その時に脱退して核を造れと国民が言えば造ったらいい」

「高速増殖炉などの面で、すぐ核武装できるポジションを持ちながら平和利用を進めていくことになるが、これは異議のないところ」

当時は、中国の核武装が日本の政策決定と国内の論調に影を落としていた。その後、七〇年に日米安全保障条約が延長されると、外務省はＮＰＴに加盟した上でアメリカの「核の傘」に依存する現在の路線を国策としていった。

2. 権力闘争、遅れる批准

「タカ派」説得に腐心　制約嫌った原子力ムラ

一九七五年一月、首相の三木武夫が施政方針演説で「ＮＰＴ批准のための手続きを進める」と表明すると、外務省国連局の担当官、数原孝憲は上司の外務審議官、有田圭輔と共に国会内を奔走することになった。

ところが、数原らによる対議員工作は序盤から波乱含みの様相を示す。与党自民党の保守強硬派いわゆる「タカ派」の中に、独自核武装の選択肢を温存すべきだとの意見が根強くあったからだ。

▽根回し

金脈問題で一九七四年末に政権の座を追われた田中角栄の後任として、政界トップの座を突如つかんだ三木は政界浄化を訴える「クリーン」を売り物にした。同時に少数派閥を率いる三木は「ハト派」でもあり、ＮＰＴ批准を早々に決めたのも、若い頃から平和を志向してきた政治信条に根差していた。

往時の記録を多数残している数原によると、三木は党内ナンバー二の幹事長、中曽根康弘と微妙な間柄にあったという。

タカ派に近い中曽根は、防衛庁長官時代の一九七〇年代初頭に非公式の核武装研究を主宰した。また古くは五〇年代から原発推進を唱え、「核政策通」を自負する政治家でもあった。

メモ魔の数原が当時残した手帳には「根回し」の言葉が随所に出てくるが、NPT批准を巡り一致団結できない自民党、特に党内タカ派への説得工作は一筋縄ではいかなかった。

「NPTには条約脱退条項もあります。核兵器国には核軍縮の努力義務もあります。日本には日米安保もあります」

日本と核兵器

一九四五年に原爆を投下された日本は第二次世界大戦中に旧軍が原爆開発を試みたが、戦後は反核世論を背景に核廃絶を提唱してきた。五六年施行の原子力基本法は原子力利用を「平和目的」に制限、六七年に佐藤栄作首相が非核三原則を唱えると国是となった。一方、六〇年代には政府内で核武装研究がひそかに行われ、米国と核持ち込みの密約を交わして「核の傘」に依存してきた。NPTが無期限延長された九五年の直前にも核保有の是非が防衛庁（現防衛省）内で検討された。安倍・菅政権は二〇一七年採択の核兵器禁止条約に否定的な態度を示し、核抑止力強化を優先している。

数原はこう力説しながら、タカ派グループ「青嵐会」のメンバーや、旧軍出身の参院議員源田実《げんだみのる》らの対応に腐心した。

源田は一九七六年に「日本民族は原爆の三つや四つ落としても降伏するような民族ではなかった」と発言するなど、何かと物議を醸す政治家だった。その源田の名前が数原の手帳に幾度か登場する。

▽核持ち込みも可能

核オプションの完全放棄に難色を示すタカ派を相手に、数原はこんな論理も駆使した。日本には「核を持たず、つくらず、持ち込ませず」の非核三原則があるが、いざという有事の際は、NPTの下でも核持ち込みは可能——。

アメリカは五〇年代半ば以降、ドイツ（冷戦中は西ドイツ）などの西欧諸国や韓国、台湾、米施政権下の沖縄などに核兵器を実戦配備し、ソ連や中国の共産勢力と鋭くにらみ合った。そしてドイツや韓国はアメリカの核兵器を領土内に受け入れながらも、NPT加盟が認められた。これは、核弾頭の管轄権がアメリカにある限り、第三国へ搬入しても「核拡散に当たらない」とするNPTのルールがあるからだった。

数原はこれに着目し、仮に将来、日本が非核三原則に背く形で米軍の核持ち込みを認める決断を時の政権が行ったとしても、NPT違反にならないと主張。中国の核保有を懸念し、NPT批准を渋るタカ派の説得材料とした。数原の手帳にも「もちこみにはNPTは関係しない」と記されている。

▽ハードル

批准のハードルは他にもあった。まず、日本が本格導入しようとしていた原子力発電への制約を恐れる「原子力ムラ」の意向と影響力だった。

欧州原子力共同体（ユートラム）並み——。これも数原の手帳に出てくる言葉だ。

欧州原子力共同体（ユートラム）

一九五八年、原子力の民生利用、特に原子力発電を開発・推進するために結成された協力機関。第二次世界大戦後、アメリカが独占的に原子力開発を進める中、西欧諸国が結束した。加盟国は欧州共同体（EC）加盟のフランス、西ドイツ、イタリア、ベルギー、オランダ、ルクセンブルク。六七年、EECを中心に欧州石炭鉄鋼共同体（ECSC）と共に統合され、欧州共同体（EC）となった。九三年にECが現在の欧州連合に発展すると、ユートラムはEU内の共同体に。日本とは二〇〇六年に原子力協定を結んだ。

日本の原子力関係者はNPT批准により国際原子力機関（IAEA）の査察が原発稼働に支障を及ぼすのを嫌って、西欧諸国でつくるユーラトムと同等の査察方式の適用を求めた。

その方式とは、ユーラトム自身が域内にある原子力施設内の核物質が軍事転用されていないことを検証し、これをIAEA査察官が「観察」する簡略化した査察だった。日本も自前で査察を行い、IAEAが追認する同様の方式を求めたのだ。

結局一九七五年二月、日本とIAEAの予備交渉が妥結、「ユーラトム並み」が認められ、日本側の懸念は払拭《ふっしょく》された。

それでもなおNPT批准に別のハードルが立ちはだかった。それは自民党内の権力闘争だった。

「党内が一つにまとまらなかった。三木さん自身がハト派で、これを快く思わないタカ派はNPT批准で三木さんが点数を稼ぐのを嫌がった。実は中曽根さんもそうだった」と数原は回想する。

一九七五年の国会は結局、三木が執着したNPT批准を先送りした。それを最終判断したのは、三木を本来支えるはずの与党幹事長の中曽根だった。

国内政局に翻弄《ほんろう》され、条約署名から五年が過ぎても実現しない日本のNPT批准。遅きに失したとも言える進捗《しんちょく》ぶりに、アメリカも不安を覚えていた。

なぜなら一九七五年のこの年、アメリカは日本のＮＰＴ加盟に向け、ある重要な「取引」を三木政権と交わしていたからだ。

回顧と展望❽　稼働率や漏えいを懸念――欧州並みの背景に

「ＩＡＥＡが来て『ちょっと原発を止めろ』『出力を落とせ』と言われると、自分たちのスケジュールで運転している原発が、査察官の恣意《しい》的な指示で止まる恐れがある。電力会社はこの査察の問題点を懸念した」

一九五〇年代半ば以降、日本の原子力政策に深く関与し続けた元原子力委員会委員長代理の伊原義徳《いはらよしのり》氏は生前、取材にこう語っていた。

ＮＰＴを批准すると、ＩＡＥＡと査察に関する協定を結ばなくてはならない。日本の原子力業界は査察が過剰に強化され、原発稼働率が低下することを何より恐れた。

また日本は先端技術を用いてウラン濃縮用の遠心分離機を開発していたため「ＩＡＥＡ

査察官が入ってきて商業機密やノウハウが他国へ漏えいすればまずい」（別の関係者）との認識もあった。

そうした中、日本がＩＡＥＡに求めたのが「ユーラトム並み」と呼ばれる簡略化した査察だった。

ＩＡＥＡはこれを日本に認め、一九七七年に日本とＩＡＥＡの保障措置（査察）協定が発効。日本はこの後、原子力民生利用にまい進していった。

しかし、二〇一一年に東京電力福島第一原発事故が起きた。さらに、日本は使用済み核燃料を再処理した結果、約四五トンのプルトニウムを保有する。

巨大事故への対処と核物質の処分は依然ままならない。にもかかわらず安倍政権も菅政権も、原子力政策の包括的な検証に動こうとしない。

3. 批准見返りに傘の約束
韓国の核武装も背景に　被爆三〇年の夏、日米取引

一九七五年二月一四日、米国務省から一通の秘密公電が、中東和平交渉でイスラエルに出張中の国務長官ヘンリー・キッシンジャーに送られた。送り主はワシントンで留守を預かる副長官のロバート・インガソル。駐日大使も務めた大物外交官だ。

「アメリカは日本のNPT批准を望んでいる。だが、そう理解していない日本の中心的指導者がいる。自民党幹事長の中曽根(康弘)だ。彼は昨年一一月の長官との会談を踏まえ、アメリカが日本の批准に特別の関心や懸念を抱いていないと思い込んでいる」

▽口実

秘密指定を解除された米公電がインガソルの言葉を続ける。「日本の批准は恐らく韓国など他国の批准を促すだろう」。フォード米政権はこの頃、韓国の朴正熙《パクチョンヒ》政権が核武装に動いている証拠をつかみ、断念させるための対韓工作を水面下で進めていた。

朴の側近だった元韓国大統領府高官は二〇一五年の取材に、泥沼化した戦争の末にアメリカが見限った南ベトナムの「二の舞いになりたくなかった。朴大統領も心配していた」と証言し、核技術を獲得することでアメリカが韓国を見捨てぬように、また万が一、米軍が朝鮮半島から撤退する事態に備えて核開発を進めたと明かした。

こんな状況下で、日本がいつまでもＮＰＴを批准しないことは、同じ未批准の韓国に「体のいい口実」を与えるとインガソルらは危惧した。

インガソルは二月二四日、駐米日本大使の安川壮《やすかわたけし》と会談し、こう申し入れを行った。「批准決定は日本が行うべきものだが、アメリカが無関心だと誤解しないでほしい。日本の批准は韓国など他の国に同様の行動を促すだろう」

この会談内容を記した米公電は安川のこんな反応も伝えている。「日本政府の公式な立場は批准支持だ。ただ自民党内に異論を唱える者がいる。今日の申し入れは表に出さないでくれ。日本メディアが『アメリカの圧力』と報じると逆効果になる」

▽業煮やすアメリカ

「ＮＰＴの作成作業中、日本はアメリカを通じ多くの注文を付けた。条約の運用を見直す再検討会議や二五年間の条約期限など、日本の要求がかなり入った。にもかかわらず、ＮＰＴに批准しないとなれば（日本は核を持つ気だと）ますます疑われてしまう」

一九七五年の当時、外務省国連局でＮＰＴを担当し、核武装の選択肢温存に執心する自民党タカ派議員の説得に当たった数原孝憲が回想する。

条約作りを主導したアメリカは、原子力技術を本格導入した日本と西ドイツ（現ドイツ）を是が非でもＮＰＴに加盟させたかった。だからこそ、アメリカはＮＰＴの条文作りのプロセスで日本の要求をのんだと数原が明かす。

しかし一九七〇年にＮＰＴに署名した日本はその後、批准手続きを具体化させず、ワシントンは業を煮やしていた。そんなアメリカの視線も意識しながら、自民党ハト派の首相三木武夫は七五年一月の施政方針演説で、国会での批准承認を目指す決意を表明した。

それでも自民党内の批准慎重論は収まらなかった。中国がＮＰＴに入らず核開発を進めており、国防上の懸念が根強かったからだ。

核の傘

核兵器を保有していない同盟国を守るため、自らの核兵器を脅しの手段に使って、敵対勢力に攻撃や挑発行為を思いとどまらせる戦略上の概念。「拡大核抑止」とも呼ばれる。アメリカが冷戦時代から日本や韓国、北大西洋条約機構（ＮＡＴＯ）諸国などに提供してきた。近年、北朝鮮の核開発や中国の軍事大国化を意識して、日米両政府は「拡大抑止協議」と呼ばれる対話を定期的に行っている。核の傘は日米同盟の重要な要素だが、日本が核兵器禁止条約（二〇一七年採択）に参加できない最大の要因にもなっている。

▽仕掛けづくり

自民党タカ派とアメリカとの間で板挟みとなった三木内閣は一九七五年春、ＮＰＴ批准実現への仕掛けづくりに動きだす。まず四月に外相の宮沢喜一が訪米し、国務長官キッシンジャーから、ある約束を取り付ける。その中身は、宮沢自身が会談後、こう記者に概説している。

「日本のＮＰＴ批准の関係で安全保障の話をした。①日米安全保障条約の堅持が長期的利益、②アメリカの核能力は日本への攻撃に対する重要な抑止力、③日本が核、通常兵力で攻撃されたらアメリカは日本防衛の義務を果たす――などの点で一致した」

宮沢らには②と③が特に重要だった。なぜなら「ＮＰＴ批准で核オプションを放棄しても、アメリカが核抑止力で日本を守ってくれる」と、タカ派議員を説得できる内容だったからだ。ＮＰＴ批准と「核の傘」の取引が、日米の間で成立したのだ。

この宮沢訪米の直後、外務省はＮＰＴ批准の承認を正式に国会へ求めた。数原も「外相がアメリカまで行って一言約束を取ってきた、汗をかいてきたというのが大きかった」と当時を振り返る。

そして広島、長崎への原爆投下から三〇年の節目となる一九七五年八月、今度は首相の三木がワシントンを訪問、大統領のジェラルド・フォードと会談し「日米共同新聞発表」を公表した。

そこには「アメリカの核抑止力は、日本の安全に対し重要な寄与を行う」との一文に加え、「首相は、日本ができるだけ早い機会にＮＰＴを批准するための所要の手続きを進める意向を表明した」と明記された。

こうして日本はＮＰＴ批准を誓約する見返りに、アメリカから「傘」提供の確約を得た。その後、三木や宮沢による党内根回し、また数原らの国会議員へのロビー活動が功を奏して一九七六年六月、被爆国の日本はようやくＮＰＴ批准にこぎ着けた。

回顧と展望❾　抑止力執着でジレンマ——一〇年かけて首脳文書に

日本の首相として最初に核の傘を米大統領に対して明示的に求めたのは、一九六五年一月に訪米した佐藤栄作氏だ。

日本が核攻撃された場合は守ってほしいとの佐藤首相の要請に対し、ジョンソン大統領は「日本が核抑止力を必要とするならアメリカは（対日防衛）義務を守り、その防衛力を提供する」と明言。口頭ながらも、米大統領が日本に核の傘を差し掛けることを初めて約束した。一九六四年に核実験を始めた中国を「狂った人間に刃物」と表現したことすらある佐藤氏は、六七年一一月の首脳会談でもジョンソン氏に再度、核抑止力の確約を求めている。

そして一九七五年八月六日、くしくも被爆三〇年の「広島原爆の日」に三木武夫首相は、フォード大統領との会談で「日米共同新聞発表」を公表、「傘」の実効性を担保する初の首脳文書をまとめた。佐藤氏がジョンソン氏の口頭約束を得てから、一〇年の歳月が流れていた。

その後、安倍晋三首相も二〇一七年二月、トランプ大統領と会談した際、北朝鮮核問題を念頭に抑止力について議論。「核および通常戦力の双方による、あらゆる種類のアメリカの軍事力を使った日本の防衛に対するアメリカのコミットメントは揺るぎない」との共同声明を発表している。一九七五年の三木・フォード会談以来、二回目の首脳文書による核の傘の確認だった。

ただ、こうした歴代政権の核抑止力への執着は、ワシントンの顔色を気にして核兵器禁止条約の交渉にすら参加できなかった日本のジレンマにつながっている。

4章　アメリカとイラン

1. 歴史の扉開いた秘密交渉

国王肝いりで歩み寄り　潮目一変、核合意へ

二〇一三年八月、アラビア半島の東南端オマーンの首都マスカットにある政府施設。オマーン湾の向こうには、ペルシャの大国イランが大地に根を張る。アメリカとイランの秘密交渉がこの時、幕を開けた。

二〇〇二年夏にイランの反体制派が同国の核開発疑惑を暴露した後、イギリスやフランス、ドイツ、そしてアメリカが断続的に一〇年近く交渉を続けた。だがイランは、核爆弾の原料製造に通じるウラン濃縮活動を停止せず、外交交渉は袋小路に陥っていた。

▽大物起用

そんな中、不倶戴天《ふぐたいてん》の間柄にあるアメリカとイランに対話を呼び掛けた人物がいた。オマーン国王のカブース・ビン・サイド。二〇二〇年一月に逝去するまで半世紀近く、同国のトップに君臨し続けた絶対的な権力者だ。

シーア、スンニのイスラム教二大宗派とは異なるイバード派ながら、他宗派に寛容だっ

た穏健派のカブース。シーア派のイランとの関係は良好で、米欧やスンニ派アラブ諸国にも顔が利いた。

「国王にはイランと独自のパイプがあった。またイランにとってオマーンは（敵対するサウジアラビアとの）緩衝地帯であり、対話のチャンネルでもある」。中東情勢に精通する日本の外交官もこうカブースを評する。

そんな国王肝いりの秘密交渉。米代表団を率いたのはオバマ大統領の信任が厚い国務副長官ビル・バーンズ。駐ヨルダン大使や国務次官補を歴任し、中東を知り尽くした米外交界の大物で、バイデン政権では米中央情報局（ＣＩＡ）長官に就任した。

アメリカとイラン

一九七九年のイラン革命の翌八〇年に断交して以来、敵対関係が続く。特に七九年一一月、イラン革命で国を追われた元国王を受け入れたアメリカに怒った学生らがテヘランの米大使館を占拠、外交官らを人質に取った事件がアメリカ人の対イラン感情を悪化させた。

アメリカは一九八四年にイランをテロ支援国家に指定。二〇〇二年にブッシュ（子）政権がイランを「悪の枢軸」と非難し、その後イランの核開発疑惑が発覚した。〇九年に登場したオバマ政権はイランのロウハニ政権と協議を進め、一五年に核開発制限と制裁解除をセットにした核合意を成立させるが、トランプ大統領が一八年に合意を離脱し制裁を再開した。

片や、イランを代表するのは外務次官のアッバス・アラグチ。こちらも、駐日大使などを務めた大物外交官だ。東京赴任中は「新久地《アラグチ》」の三文字を名刺に刷り込み、日本の政財界への食い込みを図った。

二人にはそれぞれ有能な補佐役が陪席した。バーンズには、バイデン副大統領の補佐官ジェーク・サリバン。後にバイデンが大統領になると、国家安全保障担当の補佐官という要職に就く。

アラグチを補佐したのは、シニア外交官で後の国連大使マジド・ラバンチ。アラグチとラバンチは、二カ月前に当選したばかりの保守穏健派の新大統領ロウハニから交渉権限を与えられていた。

アメリカもイランも経験豊富な大物を起用しての秘密交渉の始まりだった。

▽「制裁のプロ」

「最初の会合は緊張した雰囲気だった。しかしすぐにビジネスライクな会談となっていった。正真正銘の議論であり、テーブルを挟んだ大人のやりとりだった」。二〇一三年八月にバーンズらと共にオマーン入りした元米高官リチャード・ネフュー＝一九八一年生まれ＝が秘密交渉の経緯をこのほど証言した。

その後、米コロンビア大上級研究員となったネフューは「制裁のプロ」として、その名を知られる。二〇〇四年のエネルギー省入省から国務省、ホワイトハウスと渡り歩き、イランとの秘密交渉に参加した時は国務省に戻っていた。

リビアの核計画廃棄の作業にも関与した経験のあるネフューは、二〇〇六年に国連安全保障理事会が全会一致で採択した「制裁決議一七三七号」を手始めに、いくつもの対イラン制裁を手掛けた。

ウラン濃縮を停止しないイランへの核・ミサイル関連物資の供給禁止や武器禁輸、核計画に関与する組織や個人の資産凍結、さらにイランを国際金融システムから締め出す金融制裁……。広範囲な制裁措置は、原油輸出で外貨を稼いできたイラン経済を直撃した。

そのためだろう。二〇一三年六月、ロウハニは大統領当選後の記者会見で経済の立て直しに努めると宣言。「過激主義でなく穏健の道を進む」とし、対米交渉に舵を切る決断をした。ネフューも制裁による「経済危機」が大きかったと振り返る。

▽下準備

二〇一三年八月のオマーンでの秘密交渉には実は、下準備の期間があった。

ネフューによると、オマーンでの直接対話はこの時が初めてでなく、アメリカとイランの当局者は少なくとも二回、秘密裏に接触していた。最初は二〇一二年七月で次は一三年三月。この時もオマーン国王のカブースが動いていた。

二〇一二年の初接触では「核関連活動は停止しないが、交渉の用意はある」とするイランに対し、アメリカは「イラン国内でのウラン濃縮は認めない」と主張、平行線に終わった。

それが二〇一三年に入ると、米側が一定程度の濃縮活動を認め、イランは活動の制限を受け入れるという妥協点に近づいていく。限定的ながらも濃縮継続を認めることは「アメリカには大きな譲歩だった」とネフューは明かす。

そして二〇一三年夏、経済危機が国家体制を揺るがしかねないと恐れた最高指導者ハメネイは、ロウハニに対米交渉のゴーサインを出す。潮目が一気に変わり、八月の秘密交渉を機に宿敵同士が歩み寄る歴史の扉が開いていった。

回顧と展望⑩　一触即発の危機も――四〇年以上の不和と不信

四〇年以上、不和と不信の連鎖が続くアメリカとイランの二国間関係を背景に、中東の混迷がより深まっている。記憶に新しいのが二〇二〇年一月、トランプ大統領の指示でイラン革命防衛隊の精鋭「コッズ部隊」司令官のソレイマニ氏が殺害され、一触即発となった軍事危機だ。二〇一五年に当時のオバマ政権が欧州諸国などと共にイランと交わした「イラン核合意」も、この危機の影響などで風前のともしびとなった。

オバマ氏の業績を否定したがるトランプ氏は二〇一八年五月、核合意離脱を表明した。その一年後には、今度はイランがウラン濃縮拡大に動き、合意で定められた濃縮度の上限などを次々と反故にしていった。

「この政権に政治任用された役人は軍備管理・軍縮に消極的だ」。国務省当局者がこう指摘するように、二〇二一年一月までトップの座にいたトランプ大統領の下で採用された政府高官は、アメリカの軍事力への新たな制限を嫌い、核軍縮にも後ろ向きな人物が少なくなかった。

核合意からの離脱も、こうした政権内の政策的傾向と、「反オバマ感情」をあおって支持基盤を固めるトランプ氏の政治的打算の産物と言えた。

核合意に結びつくオマーンでの秘密合意を陰で支えたカブース前国王も既にこの世になく、険悪化の一途をたどるアメリカとイランの仲立ちを務められる中東の実力者もすぐに思いつかない。

バイデン政権では二〇二〇年一月に発足して以降、イランとの対話の糸口を探るが、二〇年春段階でイラン核合意の行方は不透明な状況にある。

2. ちらつくイスラエルの影

交渉加速の動因に　三〇年超の憎悪、反転へ

二〇一三年八月、中東オマーンの首都マスカットの政府施設で始まったアメリカとイランの秘密交渉。前年からオマーンで秘密接触を続けてきた両国だったが、初交渉は極度な緊張に包まれた。

出席者も米側は国務副長官のバーンズ、イラン側は外務次官のアラグチの両首席交渉

官を中心にごく限られた高官たち。いずれも米大統領オバマ、イラン最高指導者ハメネイと大統領ロウハニの信と命を受けた人物だった。

▽「緑の旗」

「私も最初の交渉の場にはいなかった。初っぱなは、わずか一握りの交渉担当者だけだった」。米国務省高官としてオマーンでの秘密交渉に参加したリチャード・ネフューが当時を回想する。

二〇〇六年以降、イランに対する国連制裁やアメリカの単独制裁を構想してきた「制裁のプロ」として知られるネフュー。交渉の幕開けが極端に張り詰めていた理由については、次のように言葉を継いだ。

「われわれは多大なる時間を費やしてイランへの制裁を発動し、戦争に踏み切るとの脅しすらかけてきた。イランも長年、アメリカを威嚇し（中東地域などにある）米大使館を攻撃する代理人をサポートしてきた」

ネフューの言う「代理人」とは、イランから物心両面の支援を受け続けるレバノンのシーア派民兵組織「ヒズボラ」など親イランの武装組織だ。

ヒズボラはシリア内戦でアサド政権を支え、歴代米政権が「目の敵」としてきた存在だ。またイラクでは近年、イランの支配下にある「神の党旅団（カタイブ・ヒズボラ）」が対米攻撃を活発化しているとされる。

「イランの体制は米欧の動きを食い止めるため、シリアやパレスチナなどに『緑の旗』を立て、戦線を拡散してきた」

中東情勢に精通する外交筋がこう解説するように、緑をシンボルカラーとするイランの宗教指導体制は一九七九年のイスラム革命以来、国外に緩衝地帯を築いて対米抗争を展開してきた。

▽確信

こんな天敵の関係にあるアメリカとイランだが、二〇一三年八月のオマーンでの秘密交渉は幕が開けるや否や、実務的でより協調的な雰囲気へと変質していった。

最初は交渉に同席していなかったネフューも「（自分も含め）一両日中には交渉参加者が増えていった。そして、非常に有意義な話し合いの場になった」と振り返る。

オマーンで協議を重ねたアメリカとイランの交渉団は、ニューヨークで国連総会がある翌九月の再交渉実施で合意。両国は実際、国連総会に合わせ、米側がスイートルームを用意したホテルで再会談した。それから、おおむね一～二週間に一度のペースで交渉が続いた。

交渉が一気に加速した背景をネフューがこう説明する。「イランは核計画で譲歩する姿勢を真剣に示し始めた。重水炉建設の中断や濃縮ウランの製造中止（の選択肢）を論じ、アメリカがどんな制裁解除を行えるのか知りたがった。こんな態度は初めてだった」

重水炉はイランの西部アラクにあり、核爆弾原料のプルトニウムの生成を可能にする施設だ。核物質のウラン二三五も高レベルに濃縮すれば、核兵器製造の道につながる。

ネフューによると、イランはオマーンでの初交渉の時点から、かつてない柔軟姿勢を見せるようになった。「かなり早い段階で合意が結べると確信した。その後三回、四回

イラン核合意

二〇〇二年に秘密裏の核開発計画が発覚したイランと、核兵器保有阻止を目指すアメリカに英仏独ロ中を加えた六カ国が一五年に結んだ包括的な合意。イランがウラン濃縮など核開発を大幅に制限する見返りに、米欧などが制裁を解除、イランは生命線の原油輸出が可能になった。しかしトランプ米大統領は一八年五月に核合意離脱を決定し、その後、制裁を全面的に復活させた。これに対しイランは一九年五月、合意の履行を段階的に停止する方針を表明した。イランは以降、ウラン濃縮度の上限を超過するなどの行為を繰り返し、合意は崩壊寸前の状態に陥った。

と交渉を重ねるうちに確信が深まっていった」

▽歴史的合意

ネフューの確信通り、二〇一三年一一月、アメリカとイラン、さらに欧州主要国とロシア、中国が加わる形でイランの核計画に歯止めをかける初の合意が成立した。交渉妥結に当たり、米大統領のオバマは信頼を寄せる国務長官のケリーを現場に送り出し、ロウハニも欧米通の外相ザリフに交渉成功を託した。

そして、この合意を足掛かりに二〇一五年七月、制裁解除と核開発制限をセットにした歴史的なイラン核合意（JCPOA）が成立する。

親米政権を崩壊させた一九七九年のイラン革命以降、不信と憎悪の連鎖が断ち切れなかったアメリカとイラン。三〇年を超える根深い敵対関係をこの時、反転させた要因は何だったのか。

「核なき世界」を提唱したオバマは核合意を通じて中東の核リスクを除去し、外交的偉業を達成したかった。一方、経済危機に苦しむロウハニは制裁解除を喉から手が出るほど欲していた。

実はオバマが交渉を急いだ動因が他にもあった。ネフューはそれが、同盟国イスラエルの影だったと明かす。「イスラエルに『イランと戦争しなくてはならないかもしれない』と言明する首相がいた。米大統領はこれを深刻視せざるを得なかった」

回顧と展望⓫　美徳失う米外交――日本にも深刻な危機

ソ連という巨大な脅威が消滅した冷戦終結以降、アメリカの対外政策、特に核問題を巡る外交は混迷の一途をたどっている。対イラン政策は、その象徴的な事例だ。

トランプ氏は二〇一六年の大統領選挙戦時から「イラン核合意は悪い取引だ」と連呼し、オバマ政権の業績つぶしに余念がなかった。かと言って、現実的な代替策があるわけでもない。イラン核合意を否定し、強硬姿勢をアピールすることで自身の保守地盤を固めようとするトランプ氏の内政的な思惑が透けて見え、党派色むき出しの性格が強い。

現に核合意の当事者である欧州諸国、さらにその履行を支援してきた日本は一貫して合意堅持を求めてきた。

大統領選挙による政権交代を機にアメリカの政策が変容し、関係国が振り回されるのはイランのケースに限らない。北朝鮮核問題も同様だ。

初の大統領訪朝も検討した民主党のクリントン政権が二〇〇一年に退き、共和党のブッシュ（子）大統領が就任すると、北朝鮮とまともに交渉しない政策が当初採用され、結果的に北朝鮮の核保有を許してしまった。

「昔は週末になると議会近くのバーに集まって、共和も民主も関係なく政策を論じ合ったものだが……」。旧ソ連の核兵器の削減・解体に尽力した元米民主党上院議員のサム・ナン氏が二〇〇〇年代中葉、ワシントンでこうしみじみ述懐していた光景を思い起こす。

「超党派」という美徳を失いつつあるアメリカの外交。日本にとっても深刻な事態である。

3. 米、奇襲攻撃を危惧
中東の変数イスラエル　大統領「戦争望まず」

「ユダヤ人国家は永遠なり」

二〇一二年九月二七日、ニューヨーク。国連本部の壇上からイスラエル首相のベンヤミン・ネタニヤフが声を張り上げると、静まり返る議場から拍手が起きた。ネタニヤフは「邪悪な勢力」とするイスラム原理主義組織が中東各地の米大使館を攻撃していると演説を続け、非難の矛先を仇敵に向けた。

▽レッドライン

「イランの指導者はユダヤ人大量虐殺（ホロコースト）を否定し、イスラエルの破壊を訴えている。核保有したイランをソ連のように抑止できると考えるのは非常に危険だ。制裁はイラン経済に打撃を与えたが、核計画を止められなかった」

年に一度の国連総会の舞台で、ネタニヤフがよどみない英語で訴える。

「平和的に核兵器保有を阻む唯一の手段は明確なレッドライン（許容できない一線）を引くことだ。イランは来春から来夏までには現在のステージを終え（核武装化への）最終段階に向かう。ここがレッドラインだ」

ネタニヤフは手にした爆弾の絵に赤い線を書き足し、イランが九〇％超のウラン濃縮に着手すれば、レッドラインを完全に越えると鋭く警告した。

天然ウランに〇・七％程度しかないウラン235を九〇％超に濃縮すれば、兵器級核物質が生成できる。その前段でイランの動きを是が非でも食い止める、というのがネタニヤフの主張だった。

「ビビは（イランに濃縮活動を限定的に認めた）核合意が気に入らなかった。しかし、その合意に至らしめた責任の一端は彼にある。なぜなら『いつでもイランと戦争できる』とわれわれに示唆していたのだから」

ネタニヤフの国連演説から約一年後の二〇一三年八月に中東オマーンで始まったアメリカとイランの秘密交渉に出席した元米高官リチャード・ネフューが回想する。「ビビ」はネタニヤフの愛称だ。

▽閣内不一致

対イラン最強硬派のネタニヤフが外交に見切りを付け、軍事作戦に打って出るレッドラインを示したことの意味は決して小さくなかった。イスラエルには一九八一年にイラク、二〇〇七年にシリアの原子炉をそれぞれ空爆した「前歴」があるからだ。

「ビビがアメリカとの調整なしに軍事行動を決断していたなら、イランが核拡散防止条約（ＮＰＴ）を脱退し（二〇〇三年にいったん停止した）核兵器計画を再開させるリスクが厳然としてあった」。ネフューは、イスラエルがイランの核施設を奇襲攻撃する事態をオバマ政権が危惧していたと明かした。

イスラエル情勢にも通じるネフューによると、ネタニヤフ政権は実際、対イラン攻撃を検討した。だが、イランの山間部に築かれた堅牢な核施設を完全破壊できるか否か確信が持てず、イスラエルの閣内は一致しなかったという。

イラン核問題を長年追いかける国際原子力機関（ＩＡＥＡ）の元事務次長オリ・ヘイノネン＝一九四六年生まれ＝も「イランが核活動を数カ所に分散し、一部施設を地下に建設したため、軍事介入は余計に難しくなった」と指摘する。

イラン核問題

二〇〇二年、イランの一八年間にわたる核開発計画を在米のイラン反体制派が暴露した。米英仏独ロ中の六カ国とイランは一三年一一月、問題解決へ向けた暫定合意を結んだ。これを受けイランは濃度三・六七％超のウラン製造を凍結、米欧は対イラン制裁の一部を解除した。一五年七月に双方は包括解決に向けた行動計画で最終合意。この「イラン核合意」に伴いイランは遠心分離機や保有する濃縮ウランの数量を削減、重水炉の改造も進め、一六年に米欧は制裁を解除した。しかしトランプ米政権が一八年に核合意からの離脱を表明。イランも一九年に入って核合意の制限を超える濃縮活動を再開した。

▽当面の措置

それでも、核施設攻撃の脅しをちらつかせるネタニヤフの言動は「米側の切迫感」（ネフュー）を大いに高めた。

そして米議会の強硬派からも武力行使論がささやかれ始める中、オバマ政権は交渉を加速させ、二〇一五年七月、欧州などと共に「イラン核合意」を成立させた。ヘイノネンも、イスラエルという不確定変数が、アメリカに合意妥結を急がせた「理由の一つだ」と解説する。

実は、イランとの交渉を推進した米大統領のオバマも、政権発足当初は戦争という選択肢を吟味した。ネフューはオバマ自身が米誌のインタビューでこの点を認めていることに触れながら、次のように語った。

「彼は二〇〇九年に大統領に就任すると、イランの核問題に対処するのに『どんな選択肢があるのか。戦争計画はどうなっているのか』と（側近らに）尋ねている。さらに現実的な戦争計画をまとめるよう国防総省に指示した。ただ、大統領は私たちに『戦争は望まない』とはっきり話していた」

イランの核保有は中東を無秩序状態へと追いやり、サウジアラビアをも核開発に走らせかねない――。そう懸念したオバマの率いるアメリカはイスラエルの圧力にさらされながら、イランとの秘密交渉を経て歴史的な核合意を成立させた。

その内容は、ネタニヤフが不満を募らせたように、ウラン濃縮活動をイランに制限付きで認めることを柱とした。それでも当時の米欧は核合意を「当面の措置」（ヘイノネン）としながら、シーア派武装組織を裏で操るイランの行動を徐々に穏健化させるという戦略目標を描いていた。

しかし、そんな核合意を「悪い取引」と断じた後任大統領のトランプは二〇一八年に合意から離脱、その後イランは濃縮活動を大幅に拡大した。このままの状態が続けば、イスラエルが再び空爆を検討する日もそう遠くないのかもしれない。

回顧と展望⓬　日本のようになりたい――核敷居国になったイラン

「われわれも日本のようになりたい」。二〇〇〇年代に対イラン外交に携わった日本の元外交官によると、当時、交渉の席でイランの高官はこう漏らしていたという。

その意図するところは、核拡散防止条約（ＮＰＴ）体制の下、ウラン濃縮や核燃料再処理の技術を保有するに至った日本の後を追いたいということだ。濃縮や再処理といった機微な原子力技術は核兵器開発にも転用できる。

もちろん非核三原則を堅持する日本は国内法の制約もあり、原子力利用を民生用に限定しているが、イランには日本が「理想型」と映ったようだ。

ＩＡＥＡ元事務次長のヘイノネン氏によると、イランは一九八〇年代末、テヘラン郊外のラビザンに核燃料サイクル技術を研究する施設を設立した。そしてウラン濃縮の研究を進めると同時に、核兵器の設計にも着手し、一時は核実験場の整備も構想した。

「イランは着実な前進を遂げ『核敷居国』になってしまった」とヘイノネン氏。「核敷居国」とは、核兵器製造に必要な技術とノウハウを手中に収め、政治的意思さえあれば核保有に舵を切れる国家のことを指す。

オバマ政権は二〇一五年の核合意でイランの核敷居国化に歯止めをかけ、イランを国際社会へより建設的に関与させる転機としたかった。

それは、やや楽観的な展望だったのかもしれない。それでも後継のトランプ氏が核合意を堅持していたなら、中東情勢は今ほど複雑怪奇なものとはなっていなかったのではないか。

5章 日米核同盟

1. 抑止強化、後退する軍縮

日米で進む密室協議　NPRを「高く評価」

「今回のアメリカによる『核態勢の見直し（NPR）』は、北朝鮮による核・ミサイル開発の進展など安全保障環境の急速な悪化を受け、抑止力の実効性の確保と同盟国に対する拡大抑止への約束を明確にしている。わが国は厳しい安全保障認識を共有するとともに、NPRを高く評価する」

二〇一八年二月三日、外相の河野太郎が談話を発表した。直前にワシントンではトランプ政権が新たな核戦略指針NPRを公表しており、同盟国の中でもいち早い支持表明だった。

▽小型核導入

NPRは核超大国アメリカの核政策の根幹だ。有事に核兵器を扱う軍部や国防総省、核開発担当のエネルギー省、核軍縮・不拡散政策を所管する国務省、そしてホワイトハウスが作成に関与し、大統領のお墨付きを得て公表される。

二〇一七年一月発足のトランプ政権は約一年がかりでNPRを策定し、北大西洋条約機構（ＮＡＴＯ）や日本など同盟国の意見も参考にした。

トランプの前任者オバマは「核なき世界」を提唱し、「核兵器の役割低減」に力点を置いたＮＰＲを二〇一〇年春に発表している。当時、ホワイトハウス高官は「オバマ大統領自らが作成に関与した」と胸を張っていた。

それから八年が過ぎ、トランプ政権はロシアのクリミア半島侵攻や中国の軍事強国化、北朝鮮の核武装を強く意識した。

そして新たなＮＰＲには、敵による「重大な非核戦略攻撃」、つまり①アメリカ、同盟国の非戦闘員やインフラ施設への攻撃、②アメリカ、同盟国の核戦力とその指揮・統制・警戒システムへの攻撃――に対する核使用を辞さない方針を明記した。さらに、サ

アメリカの核戦略
アメリカでは新政権が誕生するたびに「核態勢の見直し（ＮＰＲ）」を策定し、中期的な核戦略指針をまとめる。政府を挙げて作られ大統領が承認する。核兵器をどう軍事的、政治的に利用するかが論じられ、核軍縮・不拡散政策の方向性も示される。アメリカは日韓や北大西洋条約機構（ＮＡＴＯ）諸国に「核の傘（拡大核抑止）」を提供していることから、ＮＰＲ作成では同盟国の意見も踏まえる。専門家によると、アメリカは二〇二〇年現在、退役した二千発を含む五八〇〇発の核を保有している。

イバー攻撃への核報復を排除しない方向性も示唆した。

またトランプ政権はNPRで、広島型原爆の三分の一程度の爆発力を持つ「低出力型核(小型核)」の新規導入も決定した。

ワシントンの核専門家ハンス・クリステンセンによると、二〇一九年末までに小型核を積んだ戦略原子力潜水艦が大西洋へ初の作戦航海に出発した。最大計二五発の小型核を製造し、中国や北朝鮮をにらみ太平洋へも配備するのが、トランプ政権下での青写真だった。

▽別の思惑

核使用に抑制的な態度を取り続けたオバマとは打って変わり、核の役割を拡大する動きに出たトランプ政権。そのNPRを、河野外相談話が明示するように被爆国の政府がなぜ「高く評価」したのか。

「ロシアが小型核を使った場合、アメリカには爆発力が非常に大きな水爆しかない。だから、アメリカも同様に小型核を持つことで抑止力の空白を埋めることができる」。事務方からこんな説明を受けた河野は「それなりに理屈が通っている」と判断し、N

ＰＲ支持へ舵を切ったと明かす。

河野には別の思惑もあった。それはＮＰＲへの賛同をテコに、トランプ政権に核軍縮を促すことだった。トランプが前政権の方針を覆し、包括的核実験禁止条約（ＣＴＢＴ）の批准を追求しない姿勢をＮＰＲで鮮明にしたからだ。

外相就任前から軍縮に関心の高かった河野は、当時の国務長官レックス・ティラーソンにＣＴＢＴを批准するよう翻意を迫った。しかし、条約の批准承認権を持つ議会上院の消極姿勢を理由に、ティラーソンは後ろ向きだったという。

▽「御前会議」

複数の外務省当局者によると、外相談話を出す前、河野も出席した幹部会議が省内で開かれていた。

ある出席者はこう証言する。「談話は外相臨席の『御前会議』で決めた。北朝鮮情勢が厳しい中、日米同盟が揺らいでいるとのメッセージは出せなかった」

外相談話が出された二〇一八年二月は、南北対話や米朝首脳会談へ向けた動きが本格化する前で、一六～一七年に北朝鮮が弾道ミサイル発射を頻繁に行ったことを受け、日本周辺は極度の緊張に包まれていた。

そのため「核の傘」に根差した抑止力の最大化に日本政府は腐心し、その延長線上にNPRへの「高い評価」があった。

日本の関係者の間には、別の観点からこのNPRを評価する声もある。それは、一〇年前から日米の外交・安保当局が進めてきた、ある密室協議の成果がNPRに反映されたとする日本側の前向きな受け止め方だ。

日米拡大抑止協議——。核抑止力などをテーマにした非公開の実務者協議がオバマ政権時代の二〇一〇年から、年二回のペースで開かれている。

この協議に長く参加した日本側関係者は、トランプ政権のNPRをこう評してみせた。「驚くべき内容はない。（ウクライナ政変で）米ロ関係が険悪化した二〇一四年以降、日米の『核コミュニティー』が議論してきたコンセンサス（総意）が書かれているのだから」

核軍縮が後退局面を迎える中、抑止力強化の文脈で日米の「核同盟化」が人知れず進行している。

回顧と展望⑬　核軍縮は「冬の時代」――見えない戦略的安定

二〇一四年のロシアによるクリミア半島の強制編入を転機に、米ロ間の核軍縮対話は大きく停滞した。

さらにトランプ大統領が二〇一八年、ロシアの違反行為を理由に中距離核戦力（ＩＮＦ）廃棄条約からの離脱を表明し、同条約は一九年に失効した。トランプ政権の四年間で核軍縮はまさに「冬の時代」に突入した。

「これからの戦略的安定の行方は……」。世界の専門家の多くが懸念しながら注視しているのが、アメリカとロシア、そして軍事大国化する中国の核兵器国の間でいかに安定した戦略環境を創出していくか、という「大きな問い」だ。

「戦略的安定」とはもともと冷戦時代、核を大量に持ち合ったアメリカとソ連が核戦争を回避し、不必要な核軍拡競争に陥らない制度構築の文脈で用いられてきた概念だ。

しかし米ロ関係が極度に悪化し、貿易戦争や香港問題で「米中新冷戦」がささやかれる昨今、グローバリゼーション時代における戦略的安定の意味を再定義し、実践していこうという機運は見られない。

また近年、核やミサイル防衛に加え、極超音速滑空兵器、サイバー、宇宙、人工知能（ＡＩ）

といった新たな変数も加わり、軍縮対話が停止する中で核時代の混沌《こんとん》は深まるばかりだ。「米ロ中の枠組みを今後どう築いていくか、アメリカ内では誰もいいアイデアを持ち合わせていない」。二〇一九年に来日した米民主党系専門家はこう語り、頭を抱えていた。

2. 核なき世界、憂慮の日本

傘に固執の被爆国政府 「アメリカの優位性堅持を」

日米拡大抑止協議——。核抑止力などを議論するために創設された日米外交・安全保障当局者の非公開協議は二〇一〇年にスタートするが、源流はその二年前にさかのぼる。

二〇〇八年一〇月、米首都ワシントン。在米日本大使館の幹部が、米連邦議会が設置した賢人会議「戦略態勢委員会」のメンバーを前に意見表明を行った。

▽「前提」

「日本の核拡散防止条約（NPT）加盟は国内で議論があり、批准に六年もかかった。日本が批准したのは、核を含めた抑止力の堅持という点で日米の役割分担が成立したからだ。従って、核を含む抑止力の前提が崩れれば、日本は政策の根本を見直さざるを得ない」

安保政策に精通する日本大使館幹部は、一九七六年に日本がNPTを批准した際の経緯を解説しながら、アメリカが日本に与えた「拡大核抑止（核の傘）」の重要性を力説した。

一九七〇年に発効したNPTは米ロ英仏中にのみ核保有を認め、日本がこれに加盟することは核武装の選択肢放棄を意味した。

日本の国会が一九七六年にNPT批准を承認するに当たり、焦点となったのが、ソ連

戦略態勢委員会

二〇一〇年代の米核戦略を検討するために米議会が設置した超党派の専門家会議（計一二人）。委員長をウィリアム・ペリー（民主）、副委員長をジェームズ・シュレジンジャー（共和）の両元国防長官が務め、日本など同盟国からも意見聴取した。〇九年に公表した報告書で急激な核削減に否定的な見解を示し、包括的核実験禁止条約（CTBT）批准を巡っては賛否が分かれた。「核の傘」の弱体化を恐れる日本と核戦略に関する日米協議を始めるよう提唱し、「日米拡大抑止協議」の新設につながっていく。

（現ロシア）や中国といった核兵器国に囲まれる日本の安全保障をいかに確立するかという問題だった。

そうした中、党内にＮＰＴ反対論者を抱える自民党の総裁で首相の三木武夫は一九七五年八月、ワシントンで大統領フォードと「日米共同新聞発表」を公表した。

この中でアメリカは首脳間の公式文書として初めて核の傘の有効性を確認、これに対し日本はＮＰＴの早期批准を約束した。

それから三三年後の二〇〇八年、日本大使館幹部は、将来の米核戦略を展望する戦略態勢委員会が主催した意見聴取の場で、アメリカの核抑止力と日本のＮＰＴ加盟が表裏一体の関係にあると強調した。

そして仮にその「前提」が崩れれば、非核を国是とする「政策の根本を見直さざる得ない」と言明し、日米同盟の盟主アメリカの差し掛ける「傘」が日本の国防に死活的であると訴えた。

▽密室協議

「日本はアメリカにどの程度の核戦力を保持してほしいのか」

戦略態勢委員会の委員長で元国防長官のウィリアム・ペリーらは意見聴取で、この日本大使館幹部に質問した。その時のやりとりを知る日本側関係者によると、同幹部は核兵器の数量など具体的なことには触れなかったが、次のように応答した。

「米核戦力が他を寄せ付けない優位性を保てば日本は安心できる」。この幹部は同時に「中国は脅威」との認識を披歴した。

一連の質疑応答は非公開で行われ、今なお内容の多くが機密扱いだ。そんな密室協議で日本側が盟主の「傘」に強く固執する姿勢を鮮明にしていた二〇〇八年秋、アメリカ市民は民主党のバラク・オバマを初の黒人大統領に選んだ。

オバマは選挙戦中から「世界的な核兵器の廃絶をアメリカの核政策の中心的要素にしていく」との立場を明らかにしていた。その延長線上に、二〇〇九年四月五日にチェコ・プラハで表明した「核なき世界」のビジョンがあった。

当時の日本の首相は麻生太郎。米政府関係者によると、「核なき世界」のプラハ演説からしばらくして麻生は電話でオバマに対し次のように伝えたという。核なき世界のビジョンは素晴らしいが、そうなれば核の傘を閉じることになるのか――。

プラハ演説と同じ日、北朝鮮は弾道ミサイルを発射し、翌五月には二回目の核実験を強行した。中国も軍事大国化の片鱗を既に見せ始めていた。東アジアの安全保障環境が大きく変化する状況下で、核軍縮に傾斜するオバマ政権の態度に日本の外交当局者らは憂慮を深めていった。

▽秘密メモ

オバマ政権が発足した翌月の二〇〇九年二月下旬、ワシントンの日本大使館員が再度、ペリーらの戦略態勢委員会に呼ばれた。その中には後の外務事務次官で当時の駐米公使、秋葉剛男もいた。

委員会の席上、日本側は三ページの英文メモを提出した。「アメリカの拡大抑止を巡る日本の視点」と題した秘密のメモは、この会合の直前に訪米した麻生にオバマが「核抑止は日米安保の核心」と指摘した経緯に触れた上で、日本が望む「抑止力の特性」として次の点を含む六つの要素を列挙した。

①サイバー攻撃を含む多様な脅威に対応できる柔軟な能力、②敵の先制核攻撃に耐えられる信頼性のある能力、③有事に対処できる即応能力、④非戦闘員への副次的被害を最小限に抑える選別能力――。

一般市民への核被害抑制を目指す④は、爆発力が比較的小さい「低出力型核（小型核）」を連想させる。またメモは「米配備戦略核の一方的削減は日本の安全保障に逆効果かもしれない。核削減に際しては日本と事前協議を」と米政府への注文を明記していた。

アメリカの核政策に関し、被爆体験のある日本がこれほど積極的な意思表示をしたことはなかった。そして、この時の議論が二〇一〇年に始まる「日米拡大抑止協議」へとつながっていった。

回顧と展望⑭　核同盟化、背景に中国――日米の拡大抑止協議

二〇一〇年創設の「日米拡大抑止協議」はトランプ米政権下でも続けられ、原則年二回、日米の外務・防衛当局者が顔を合わせている。

外務省によると、日米同盟の抑止力をどう維持・強化していくか「率直な意見交換」を行い、日本が「アメリカの抑止政策について理解を深め、安全を確保する上で必要な政策調整を行う」のが目的だが、議論の詳細は一切明らかにされていない。

だが協議参加者への取材から、その断片が辛うじて浮き彫りになる。

例えば、二〇一三年四月に米西海岸ワシントン州の海軍基地内で行われた拡大抑止協議では、日本側参加者が潜水艦発射弾道ミサイル（SLBM）を搭載した米戦略原子力潜水艦「アラバマ」に搭乗し、「二四時間三交代制」という戦略原潜の運用に関する説明を受けた。

これは、「核の傘」を裏打ちする米核戦力に関する知見を日米が共有することで抑止力への信頼性確保を狙った措置だ。

ただ参加者によると、米側はこの時、西海岸から太平洋を航行する戦略原潜の航海ルートまでは開示しなかった。核戦力運用に関する、より高度な機密情報の共有にはまだ至っていないようだ。

日米拡大抑止協議は米議会が設置した「戦略態勢委員会」の勧告を基にしている。同委員会副委員長のジェームズ・シュレジンジャー元国防長官は生前の二〇〇九年夏「日本が中国の軍事力増強に焦点を当てるようになった」ことが、日米が核同盟化を進める背景にあったと取材に語っている。

3. 幻の核先制不使用
一大転換、日本は反対　思考停止の被爆国

「日本はこの政策を受け入れられない。安全保障のプロでそんな考え方を持つ者は誰もいない。中国もいるし、北朝鮮もいる。この問題は『核なき世界』という次元ではなく、抑止力の観点から考えられるべきだ」

二〇一六年七月一五日、電話口の向こうで日本政府高官は声を荒らげ、突然のアメリカの動きに憤りを隠せない様子だった。この四日前、米紙ワシントン・ポストはアメリカのオバマ政権が「核兵器の先制不使用政策」の採用を検討していると報じていた。

オバマ氏の広島訪問

第四四代米大統領のオバマ氏は現職大統領として初めて、二〇一六年五月二七日に被爆地広島を訪れた。安倍晋三首相が同行する中、オバマ氏は原爆資料館を参観後、平和記念公園で一七分間、演説し「核兵器のない世界を追求する勇気を持たなければならない」と力説。広島と長崎は「道徳的な目覚めの始まり」として人類史に記憶されるだろうと結んだ。ただ原爆投下の是非には言及せず、謝罪もしなかった。演説後、被爆者二人と言葉を交わし、うち一人と抱擁するシーンが国内外で報じられた。

首相の安倍晋三に安保政策を直接助言する立場にあるこの高官は、こうも言葉を継いだ。「まだ首相とはこの件で話をしていないが、受け入れられないだろう」

▽寝耳に水

オバマは同じ年の五月二七日、アメリカの現職大統領として初めて被爆地広島を訪れた。その歴史的偉業を背景に、ホワイトハウスを中心に「核の先制不使用に舵を切るべきだ」との意見が台頭し、水面下で核政策の見直しが進行していた。

敵が核兵器を使うまで、こちらが核攻撃を行わない先制不使用。採用されれば、それは米核戦略の一大転換を意味した。

アメリカは一九四五年の広島と長崎への原爆投下以来、状況次第では核を先んじて使う選択肢を温存してきた。それが抑止力を高めると考えてきたからだ。

だが、二〇〇九年にプラハで「核なき世界」の構想を提唱し、ノーベル平和賞も受賞したオバマは残り任期が半年となる中、被爆地訪問を超える「実」を求めていた。そこで大統領側近らが焦点を当てたのが、核の先制不使用だった。

問題はその検討作業が先にメディアにリークされ、アメリカが「核の傘」を差し掛ける日本など同盟国には寝耳に水だったことだ。
ワシントン・ポスト紙の報道直後に取材した、日本の外務省幹部は「聞いてない」と絶句した。別の外務省当局者も「米政府は報道後、日本に伝達してきた」と語り、日本に事前相談がなかった実情を明かした。

▽大統領の思い
米大統領の任期は最大二期八年だ。二期目の大統領は通例、よほどのことがない限り、最後の年の七月一日以降、新たな政策を打ち出さない。去りゆく大統領が後任の手足を不必要に縛ってはいけない、との不文律があるためだ。

プラハ演説
二〇〇九年四月五日、当時のオバマ米大統領がチェコの首都プラハで行った演説。「核なき世界」に向けた核廃絶構想を提唱した。「核兵器のない世界の平和と安全を追求する」とした上で「核を使った唯一の国として米国には行動する道義的な責任がある」と言明。国家安全保障戦略における核の役割を減らし、包括的核実験禁止条約（CTBT）批准などの軍縮措置を取ると宣言、核拡散防止条約（NPT）体制の強化に尽力するとした。これが評価されたオバマ氏は同年ノーベル平和賞を受賞した。

それでもオバマは、部下に核の先制不使用を検討させた。なぜなのか。ホワイトハウス高官は当時の取材にこう語っている。「大統領は、先制不使用を採用することで政権のレガシー（遺産）を確かなものにしようとしている」

さらに高官は言葉を続けた。「確かに先制不使用を採用すれば『傘』の下にいる同盟国の防衛に影響が出る。しかし一方で、核不拡散上の効果がある。（軍事超大国の）アメリカが先制使用に執着すれば、安全保障上の不安をより覚える国はどう動くか。核兵器を保有しようとして核拡散につながる」

この高官によると、オバマは広島訪問後、こう明言していたという。「いかなる状況下にあっても、米大統領が核兵器を率先して使う展開など考えられない。私のみならず後世の大統領も」

広島での演説で「原子核の分裂を引き起こした科学の革命には道徳的な革命が必要だ」とも訴えたオバマ。核軍縮が期待されたほど進展しなかったことに手厳しい評価もあるが、非核を志向する思いはそれなりに強かったようだ。

▽結論ありき

米核戦略を大きく変えるはずだった先制不使用は結局、オバマ政権内の意思統一が図れず挫折する。同盟国への悪影響を心配した国防総省を中心に異論が噴出したためだが、実はその後景には日本の影があった。

「核を巡る状況が大変なことになっている。われわれは、一〇％でも二〇％でもリスクがあれば、そのリスクを考える必要がある。国民の生命と財産を二四時間守らなくてはならないのだから」

外務省幹部は二〇一六年秋、北朝鮮がこの頃立て続けに強行していた弾道ミサイル発射を念頭に、先制不使用の採用によって核抑止力が弱体化してはならないと取材に強調した。日本政府の立場は明確に「核の先制不使用にノー」だったのだ。

ただ極めて少数意見ながら、日本政府内からこんな声も聞かれた。「政府内の議論は結論ありきだ。先制不使用によって得られるメリットもあるはずだ。だがプラス、マイナスの両面を客観的に検証する議論がない」

仮にアメリカが核の先制不使用を宣言すれば、どんなメリットが考えられるか。

北朝鮮はアメリカの先制核攻撃を心配しなくてもよくなり、「虎の子」である核が先に破壊されるのを恐れ、やみくもに「核のボタン」に指を掛ける必要はなくなる。

また、既に先制不使用を公言する中国との信頼醸成の好機となり、米中軍備管理対話の推進力になる可能性だってある。

けれども、これらの点は安倍政権下で十分に吟味されず、核の傘があくまで最優先された。「日米核同盟」の深化は被爆国の思考停止を招いてはいないか。

回顧と展望⑮　バイデン政権下で再燃も――日本、核政策の行方注視

オバマ氏が政権末期に検討した核の先制不使用は「日本など一部同盟国の理解が得られない」との判断の下、採用に至らなかった。ただオバマ氏の副大統領だったバイデン氏が大統領に就任したことで、先制不使用の議論が再燃する可能性がある。

「広島、長崎の恐怖を二度と繰り返さないため、核兵器のない世界に近づけるよう取り組む」。被爆七五年の二〇二〇年八月六日、トランプ氏との大統領選挙を戦っていたバイデン氏はこんな声明を発表し、核軍備管理・不拡散の分野でアメリカが指導力を発揮していく考えを鮮明にした。

バイデン氏は二〇二〇年初め、米誌に寄稿した外交論文にもこう記した。「アメリカが保有する核兵器の唯一の目的は（敵の）核攻撃の抑止であるべきだ」

この言い回しは、自国や同盟国が核攻撃された場合にのみ、アメリカが核で報復することを示唆しており、核の先制不使用とほぼ同義と言っていい。

実は、バイデン氏は副大統領退任間際の二〇一七年一月にも同じ見解を公にした経緯がある。核兵器の役割を低減していくことで「核なき世界」の理想に現実を近づけていこうとの姿勢は、オバマ氏に通底する。

日本政府は、二〇二二年初頭に示される見通しのバイデン政権の新たな核戦略をめぐる動向を固唾を飲んで見守っている。

6章　検証・米朝交渉

1. 思惑交錯、進まぬ非核化

損得勘定で一方的譲歩 「純然たるショー」

「トランプが求めていたのは大イベントだった。シンガポールでの初の米朝首脳会談は誰が見ても歴史的だ。ハノイ会談も幾分そうだ。しかし（非核化実現へ向けた）合意の芽は事実上、ついえてしまった」

第四五代アメリカ合衆国大統領ドナルド・トランプの国家安全保障担当補佐官だったジョン・ボルトン＝一九四八年生まれ＝が二〇一九年の退官後にインタビューに応じ、一八年六月一二日のシンガポール、一九年二月末のハノイでの首脳会談をこう総括した。そして、同六月三〇日に板門店で行われた三回目の会談に至ってはこう切り捨てた。「純然たるショーだった」。

▽源流

史上初の米朝首脳会談は、異例の段取りでお膳立てされた。外交官が実務協議で準備を進め、トップ同士の頂上会談を実現させる通常の外交プロセスではなく、米朝双方の情報機関を軸に下準備が進められたからだ。

「米中央情報局（ＣＩＡ）による米朝接触が続き、われわれ国務省は完全に排除されていた」。シンガポール会談の四〇日前、北朝鮮担当特別代表の職を辞し国務省を退官した直後のジョセフ・ユンが取材にこう語った。

ユンや複数の外交筋によると、米朝交渉の源流は、二〇一八年二月の平昌《ピョンチャン》冬季五輪への北朝鮮参加で一気に加速した南北の秘密対話にある。

韓国大統領、文在寅《ムンジェイン》の側近で国家情報院のトップ徐薫《ソフン》は、北朝鮮で情報・工作機関を率いてきた朝鮮労働党副委員長の金英哲《キムヨンチョル》と早くから接触を開始した。この南北の情報当局ルートにＣＩＡが乗っかる形で、米朝首脳会談への道が開かれていった。

シンガポール共同声明

二〇一八年六月一二日にシンガポール南部セントーサ島で、史上初の米朝首脳会談に臨んだトランプ米大統領と北朝鮮の金正恩《キムジョンウン》朝鮮労働党委員長（現在は総書記）が署名した文書。㈠新たな米朝関係の構築、㈡朝鮮半島の持続的で安定した平和体制の構築、㈢完全非核化に向けた北朝鮮の取り組みの確約、㈣朝鮮戦争の戦没米兵の遺骨収集協力――を合意事項として列記した。米側は北朝鮮に「安全の保証」も約束し、合意事項を履行するため米朝高官が交渉を継続することも明記された。一九年二月二七、二八両日にはハノイで二回目の米朝首脳会談が開かれた。

「米朝はインテル（情報当局）チャンネルによる交渉だった」と解説するユン。二〇一八年の春先、ＣＩＡ長官はトランプの信任が厚いマイク・ポンペオが務めていた。

▽ダメージ抑制

その後、四月下旬に国務長官に就任したポンペオを中心に、アメリカは北朝鮮とシンガポール会談への手はずを整えるが、ボルトンはその状況を冷ややかに見ていた。

「私自身、シンガポール会談に多くを期待することは毛頭なかった。なぜなら準備作業が（満足に）行われなかったからだ。そのため私の主要目的は会談で過ちが起きないよう、ダメージを抑制することにあった」

こう語るボルトンは、二〇〇〇年代のブッシュ（子）政権時代、国務次官や国連大使を歴任し、いち早く国連制裁の必要性を訴えた対北朝鮮強硬派。「核のプロ」でもあり、初の首脳会談での安易な妥協は禁物と考えていた。

ボルトンが「過ち」を避けるために重視したのは、北朝鮮が「検証可能で後戻りしない完全非核化」への戦略的決断を明確に行い、全ての核関連施設や核物質、核弾頭とその運搬手段を「申告」することだった。

しかしボルトンの視界には、北朝鮮トップの金正恩《キムジョンウン》がその方向に動く兆候が全く映らなかった。そして二〇一八年六月一二日、シンガポールで米朝両首脳が初めて相まみえた。

▽想定外

トランプと金が会談後に発表したシンガポール共同声明は、ボルトンにしてみれば「当たり障りのない文書」だった。

韓国大統領の文は会談の準備段階で、自らシンガポールに駆け付ける意欲を示し、米朝が朝鮮戦争の終戦宣言を出すことに前のめりだった。だが、北朝鮮の真意を疑うボルトンが安堵《あんど》したように、そうした文言は声明に盛り込まれなかった。

「あのタイミングでの終戦宣言は不適切だった。われわれはこれを回避できた」と回想するボルトン。この点については確かにボルトンの言うところの「ダメージ」を抑制することに成功した。

ところが、外交や安全保障をときに「そろばん勘定」で考える米大統領は金の面前で、ボルトンが想定していなかった思わぬ行動に出る。

「米韓の軍事演習は挑発的で、時間とカネの無駄だ」。ボルトンも参加した米朝の拡大協議で、トランプは金を前にこう言い放ったのだ。

先に行われた金との一対一の会談で打ち解けたのか、それとも七〇年近い「米朝の不和の歴史」にピリオドを打ちたいとする金の熱弁にほだされたのか、トランプは「米韓軍事演習の停止」という一方的な譲歩を宣言してしまった。

しかも、米軍幹部や国防長官に何の事前相談もない突然の発言だった。

「北朝鮮が米韓合同演習にクレームを付けていたことはトランプも知っていた。ただ同盟の文脈において演習はアメリカにも価値があり重要だ。そのことを（事務方が）説明し続けてきた。しかし『カネがかかりすぎている』と考えた彼は、納得しなかった」。ボルトンはこう明かした。

自身の政治的利得にさといトランプ、非核化まで北朝鮮に見返りを安易に与えたくないボルトン、体制護持を最優先する金。プレーヤーの思惑が交錯し、史上初の米朝首脳会談という偉業にもかかわらず、非核化は一歩も進まなかった。

回顧と展望⑯　タカ派頼みの日本外交――米朝会談に乗り遅れ感

史上初の米朝首脳会談は、多くの日本政府関係者にとって青天のへきれきだった。なぜならその前年の二〇一七年、トランプ米大統領は「炎と怒り」との表現で北朝鮮への武力行使を示唆し、北朝鮮も弾道ミサイル発射や水爆とみられる核実験など「超強硬措置」で応じていたからだ。

「韓国大統領の特使が訪朝したところで何も動かないよ」。二〇一八年の春先、安倍晋三首相の外交ブレーンは取材にこう語り、南北の対話プロセスを軽視していた。

しかし、当時の韓国国家情報院トップの徐薫氏（現国家安保室長）ら大統領特使が三月に金正恩朝鮮労働党委員長（現総書記）に面会すると事態は一転する。四月の板門店での南北首脳会談、六月のシンガポール米朝首脳会談へと外交の機運は一気に高まったのだ。

こうした中、「乗り遅れ感」を味わう日本政府が頼りにしたのが、米大統領補佐官のボルトン氏だった。ボルトン氏は安倍首相ともかねての知り合いで、北朝鮮に強硬姿勢で臨むタカ派だ。

「トランプ大統領に（核を巡る難しい）交渉はできない。米政府にも『一対一の会談はやるな』と伝えている」。安倍首相の側近はシンガポール会談の二〇日前、取材にこう語り、ボルトン氏が会談に同席する重要性を力説していた。

日本政府はボルトン氏と緊密に連携し、北朝鮮の非核化には日本に届く中・短距離ミサイルの廃棄に加え、将来的に生物・化学兵器の放棄も必要と主張した。強硬姿勢を取るボルトン氏にとっても、こうした日本の提案は「渡りに船」だった。

2. 大取引狙った強硬派

米、途中退席も想定　二回目のトップ会談

二〇一八年六月一二日、シンガポールで史上初の米朝首脳会談が開かれたものの、北朝鮮の非核化はその後も一向に前進しなかった。

米国務長官のポンペオが一〇月に訪朝し、朝鮮労働党トップの金正恩と会談。翌年一月には党副委員長の金英哲がワシントンで米大統領のトランプと向き合うが、非核化交渉に進展はなく、両首脳は事態打開を目指し、二月末にベトナムの首都ハノイで再び会

談することになった。

▽不協和音

ところが、ハノイ会談への準備作業が本格化した二〇一九年二月上旬、トランプ政権内で不協和音が生じる。国務省で実務交渉を取り仕切る北朝鮮担当特別代表のスティーブン・ビーガンが一月三一日に米スタンフォード大学で講演した内容に、ホワイトハウスの対北朝鮮強硬派ボルトンが強く反発したからだ。

ビーガンは演説で「米朝両指導者がシンガポール共同声明で交わした約束事を同時並行的に追求していく用意がある」と言明したが、ボルトンはとりわけ「同時並行的」の

寧辺《ニョンビョン》の核施設

北朝鮮北西部・寧辺には約三〇〇の核関連施設が集中する。核兵器の原料となるプルトニウム製造に適した実験用黒鉛減速炉（五千キロワット）や核燃料の再処理施設、ウラン濃縮施設、建設中の軽水炉がある。北朝鮮は黒鉛減速炉から抜き取った使用済み核燃料棒を再処理し、核兵器用のプルトニウムを抽出した。その後、六カ国協議の合意に基づき同炉の稼働を停止させ二〇〇八年に冷却塔を爆破したが、一五年に全ての核施設の再稼働を宣言した。〇九年にはウラン濃縮着手を表明、一〇年一一月に寧辺を訪れた米専門家にウラン濃縮施設を案内した。

言葉に激しい嫌悪感を抱いた。大統領補佐官の職を既に退いたボルトンが二〇二〇年八月のインタビューで、こう証言した。

「この演説を（自分が率いる）国家安全保障会議事務局が承認したとは思えない。演説は伝統的な国務省の考え方を反映しており、『行動対行動』の原則を暗に受け入れている。だが、それは間違いだ。演説は包括的な核合意を目指す内容になっておらず、これでは北朝鮮が求める暫定的な合意しか得られない」

「行動対行動」――。二〇〇三〜〇八年に開かれた米朝日中韓ロの六カ国協議で北朝鮮が力説し続けた原則だ。北朝鮮が非核化への行動を取るなら、相応する経済支援などの見返りをアメリカは実行すべきだとする論理で、ビーガンが使った「同時並行的」の表現が「行動対行動」に通じるとボルトンは受け止めた。

▽巻き返し

ボルトンにしてみれば「検証可能で後戻りしない完全非核化」を決断せず、しかも全ての核施設や核弾頭を申告する意思をあいまいにしたままの北朝鮮に、朝鮮戦争の終戦宣言や国連制裁の解除といった見返りを与えることは論外だった。

そんなボルトンが目指したのは「ビッグディール（大取引）」。「行動対行動」の原則で非核化を段階的に進め、見返りを順次与えるのではなく、寧辺《ニョンビョン》を含む北朝鮮国内の全ての核施設を放棄し、核弾頭や核物質の廃棄に加え、ミサイルや生物・化学兵器も将来的に手放す誓約をするなら、制裁解除に応じるという交渉方針だった。

ビーガンが事前折衝のため二月上旬に平壌に乗り込むのと同じタイミングで、ボルトンは巻き返しに出る。

ハノイでの安易な妥協を回避すべく、あくまで「大取引」を達成するか、それが無理なら「ノーディール（取引なし）」で交渉の場から立ち去るシナリオをボルトンは描いた。そしてトランプその人を相手に、二月一二～二一日の間に計三回のブリーフィングを集中的に行った。

「合意なしの途中退席でも問題ない。そう大統領に認識させたかった。金が包括的な合意に同意しなければ、途中退席するのがハノイ会談の既定路線だった」。ボルトンがトランプへの根回しを述懐する。

▽「切り札」

二月二七日夜、ハノイで二回目の米朝首脳会談の幕が開けた。金はキックオフとなるトランプとの夕食会の席で、いきなり「切り札」を切る。

北朝鮮核開発の一大拠点である寧辺を永久に放棄する意向を表明し、その見返りとして二〇一六年以降に発動された国連制裁の解除を求めてきたのだ。

国連安全保障理事会は北朝鮮が弾頭ミサイル発射を頻繁に繰り返した二〇一六～一七年、核・ミサイル開発につながるカネやモノの流入を遮断する制裁措置を強化した。特に一七年八月採択の決議二三七一では、北朝鮮の最大の外貨収入源である石炭の輸出を全面的に禁じた。

ごく少人数で行われた夕食会にボルトンは参加しなかったが、午後九時に会合が終わるや否や、出席したポンペオから金の提案を知らされた。

「とても受け入れられる提案ではなかった。小出しの譲歩で見返りを得る北朝鮮の古典的なアプローチだ」。この時のことを振り返るボルトンは、さらに言葉を継いだ。

「金は（寧辺という）既に廃れた非効率な施設を手放すと言ったにすぎない。北朝鮮国内の他の場所に同様の核施設を建造しているにもかかわらずだ。寧辺を見返りに、北朝鮮に対する『最大限の圧力』の最も重要なテコである国連制裁を諦めろと言うのか……」

二〇一〇年秋に北朝鮮が初めてアメリカ人専門家に寧辺のウラン濃縮施設を見学させて以来、米政府は寧辺以外にも濃縮施設が存在するに違いないとみてきた。ボルトンも「寧辺を切り売りするだけの取引では不十分」と即断し、翌二八日の朝、トランプと共に首脳会談に臨んだ。


回顧と展望⑰「隠された濃縮施設」――ＩＡＥＡも米の疑念共有

一〇余年前の取材メモをめくると、米政府が早い段階から寧辺以外にウラン濃縮施設が存在すると疑っていた実態が浮かび上がる。

二〇一〇年一二月、核問題を所管する国務省高官はこう語った。「北朝鮮があれだけのウラン濃縮施設を短期間に建設していたとしたら、少なくとも別の施設で研究開発用の濃縮活動を行っていたと考えざるを得ない」

この取材の前月、ロスアラモス米国立研究所の所長を長年務めたシーグフリード・ヘッカー博士が寧辺を訪れ、外部の研究者として初めてウラン濃縮施設に案内された。施設には核爆弾原料の高濃縮ウランを生成する遠心分離機が多数あった。

「濃縮施設内に入ると、遠心分離機は二千台と説明された。想像以上の規模だ。美しい大理石調の階段から二階に上がると、見学用の窓があり、見下ろすと、約五〇メートル四方の屋内に遠心分離機を多数連結した『カスケード』が六つ見えた」。二〇一八年秋に取材したヘッカー博士の説明だ。

寧辺の濃縮施設があまりに近代的かつ本格的だったため、博士から説明を受けた米政府は「これだけの施設をいきなり造るのは技術的に困難。先に別の試験施設を建造・操業していたに違いない」との分析に至った。

以来、アメリカは寧辺以外に「隠された濃縮施設」があるとの見方を強め、ハノイでの米朝首脳会談でも真相解明を試みた。国際原子力機関（ＩＡＥＡ）も同様の疑念を抱いており、平壌近郊の「カンソン」がその所在地ではないかと疑っている。

3. 会議は踊る、されど進まず

ハノイ会談決裂の内幕　遠のく非核化

「周りの不信や誤解もあり、敵対的な古い慣行がわれわれの行く手を阻もうとしたが、それらを全て克服し、再び歩み寄って二六一日ぶりに（再会するため）このハノイまでやってきた」

二〇一九年二月二七日夜、二回目の米朝首脳会談は、平壌から約七〇時間かけて列車でハノイ入りした北朝鮮トップ、金正恩のこんな言葉で始まった。米大統領トランプも「あなたの国には素晴らしい将来が待っている。それが起きる手助けをしたい」と応じ

北朝鮮の核開発

北朝鮮は二〇〇六年以降、水爆実験とみられるものも含め計六回の核実験を実施。同国北西部の寧辺でプルトニウムや高濃縮ウランを生成、核兵器を開発・保有してきた。核弾頭総数は判然としないが、核専門家の間では三〇発以上との見方が主流。北朝鮮は運搬手段となる弾道ミサイルの開発も推進し、一七年一一月には米本土を狙う新型大陸間弾道ミサイル（ＩＣＢＭ）「火星15」の発射実験を強行、「国家核戦力完成」を宣言した。日本のほぼ全土を射程に収める中距離弾道ミサイル「ノドン」も核弾頭が搭載できる可能性が高い。

たが、交渉はすぐに袋小路に入った。

金が会談早々、核開発拠点の寧辺を永久に手放す見返りに、二〇一六年以降に発動された国連制裁の解除を求めてきたからだ。寧辺以外の核施設の存在を確信するトランプ政権、特に大統領補佐官のボルトンには論外の提案だった。

▽「正しい取引」

会談二日目の二八日朝、トランプは冒頭「非核化交渉は急いでいない。スピードは重要でなく、正しい取引をしたい」と語り、金と再び向かい合った。米朝交渉にかねて前のめりなトランプにしては慎重な物言いだった。

トランプの言う「正しい取引」とは、対北朝鮮強硬派のボルトンや国務長官のポンペオがこだわった「ビッグディール（大取引）」。それは、北朝鮮が核爆弾と核物質、寧辺とそれ以外の核施設を全て放棄することが大前提となる。

さらに将来的には、ミサイル計画や生物・化学兵器も手放すことを視野に、国連制裁解除や経済援助などの見返りを北朝鮮に与えることを想定した。

ボルトンは米側が求める、そんな非核化の要件をまとめた「一ページのリスト」を作成し、トランプに渡していた。ボルトンによると、トランプは会談中、それを金に示し「大取引」に応じるよう迫った。ところが、金は寧辺以外の核関連施設について最後まで言及しなかった。

▽ハイライト

「大取引がハノイで実現すると思っていた者はアメリカ側には皆無だった。ただそれでも、金がその方向に進むと約束してくれれば、われわれはより詳細に関して交渉することができたのだが……」。会談に同席したボルトンが回想する。

「しかし金にその用意はなく、トランプは、私が事前に行ったブリーフィングに基づき『（大取引の意思が北朝鮮にないなら）いかなる取引も結べない』と明言した」。ボルトンは首脳会談のハイライトを振り返った。

「大取引」が不可能ならノーディール（取引なし）――。二回目の米朝首脳会談は、寧辺放棄だけで手を打つことを避けたかったボルトンのシナリオ通りの展開となった。

その結果、合意文書の署名はおろか、当初予定されていた昼食会も中止となり、トランプ率いる米代表団は足早に会談会場のホテルを後にした。

「金は寧辺以外の施設について何も触れなかった。また、寧辺には原子炉やプルトニウムを生成する再処理施設、ウラン濃縮施設など非常に多くの設備があるが、全てを廃棄するとはっきり言わなかった。彼はまた（交渉を続けるための）代替案を何も持ち合わせていなかった……」

補佐官を二〇一九年秋に退いたボルトンが言葉を続けた。

▽他の理由

「大取引」にこだわったアメリカ側が会談を延長してでも妥協点を模索する姿勢を見せなかった理由は、他にもあった。それは分断が先鋭化するワシントンの政局だ。

「トランプには『小取引』で手を打つことも可能だった。だが（トランプの元顧問弁護士マイケル・）コーエンの米議会証言がそうさせなかったのだと思う。トランプは『漸進的な小取引に終わった』とアメリカ国内で非難されたくなかったのだ」

二〇一八年春までトランプ政権の北朝鮮担当特別代表を務めたジョセフ・ユン＝一九五四年生まれ＝が解説した。

ユンが指摘するように、ハノイ会談と同じタイミングで、野党民主党が多数を握る下院ではトランプの疑惑を追及する公聴会が開かれ、コーエンはトランプが「選挙資金法令を破る犯罪計画」に深く関わったと爆弾発言、大統領の不正行為を赤裸々に暴露した。米メディアは米朝会談より、トランプの不正行為を糾弾したコーエンの証言をより大きく扱った。

米朝交渉に通じる複数の外交筋も次のように語る。「寧辺だけで取引をまとめたら、民主党から厳しく非難される——。ボルトンはそう訴えながらトランプを説得した」

二〇一八年六月一二日にシンガポールで行われた史上初の米朝首脳会談と、これに続く一九年二月末のハノイ会談。自ら主導する外交成果を国内外にアピールしようと、政治的な大イベントに執着するトランプならではの「偉業」とも言えるが、米朝双方の主張は最後までかみ合わず空転した挙句に決裂した。

会議は踊る、されど進まず——。北朝鮮が核開発の手を止めない中、シンガポールで約束した非核化のゴールは遠のくばかりだ。

回顧と展望⑱　今も根強い体制転換論――トランプ流に成果なく

「大統領など高位の人物を訪朝させること自体が悪いアイデアであり、北朝鮮の現体制に正統性を与えることになる」。米朝交渉に長年携わってきた元米国務省担当官のジョエル・ウィット氏は、アメリカの政策エリートの間にはこんな「神話」が堅持されてきたと語る。

クリントン政権時代の二〇〇〇年、国務長官の訪朝に続き、大統領自らが平壌を訪問する選択肢が米政府上層部で真剣に検討されたが、結局この「神話」がハードルになったという。

型破りの大統領であるトランプ氏は、そんなワシントンの「神話」を打ち破って三回の米朝首脳会談を行った。だが無手勝流のトランプ外交は、成果を出せずじまいだった。

一方、ボルトン氏ら強硬派の間には今なお「体制転換論」が根強い。同氏はインタビューで次のように語った。

「どうしたら北朝鮮の核兵器国化を防げるか。制裁で圧力を増大させるしかない。つまり究極的には、北朝鮮の体制転換と南北朝鮮統一が北朝鮮の核の脅威を取り除く唯一の道だと考える。われわれはもっと真剣に（この路線に）取り組まなければならない」

ボルトン氏は二〇〇〇年代のブッシュ（子）政権時代、国務次官などの要職を歴任したが、圧力強化で金体制の変革を図るべきだとする持論をその当時から抱いていたようだ。しかし問題は、体制転換の実現性とそれに伴う膨大なコストだ。少なくともトランプ氏には、その用意はなかったようだ。

4. 戦略性欠如、決意空回り
トランプ政権の四年間　見えぬ出口、道のり遠く

北朝鮮の核開発は最も差し迫った問題だ――。二〇一六年秋の米大統領選挙に勝利したドナルド・トランプへの引き継ぎ時、去りゆく大統領バラク・オバマがこう強調した。以来、トランプの脳裏の一角を北朝鮮トップの金正恩が占有し続けた。

二〇一六年末、大統領就任直前のトランプを訪ねた米政府関係者は「この時トランプ氏とサシで北朝鮮核問題を議論した」と回想し、こう言葉を継いだ。「トランプ氏からは『この問題を解決しないというオプションは私にはない』と聞かされたこともある。

大事なのは（問題解決への）決意だ」

▽炎と怒り

トランプの「決意」は当初「最大限の圧力」と呼ばれる強硬路線で体現された。ホワイトハウス入りした二〇一七年一月以降、北朝鮮と貿易取引を続ける中国やロシア企業への経済制裁を発動し、海上密輸に関わる船舶を米独自制裁の対象に指定、国連制裁も大幅に強化して金体制の資金源を遮断することに血眼となった。

また軍事的な威圧を強め、朝鮮半島周辺に米軍の戦略爆撃機や空母機動部隊を展開した。これと並行して、言葉による脅しも先鋭化させていった。

「アメリカをこれ以上威嚇しない方がいい。世界が見たこともない『炎と怒り』に見舞われる」。二〇一七年八月、トランプはこう断言し、グアム周辺への弾道ミサイル発射を警告した北朝鮮に対する脅しのメッセージを最大化した。

「炎と怒り発言のころ平壌で、これまで見たことのない軍服姿の若者の一団が行進するのを目撃した。平壌の市民からも不安の声を耳にするようになった」。当時、イギリスの駐北朝鮮大使として平壌に常駐していたアラステア・モーガンが取材に対し、二〇一七年の緊張状態をこう振り返った。

▽先制攻撃

二〇一七年夏から冬にかけ、朝鮮半島を巡る軍事的な緊迫の度合いが高まる中、トランプ政権内では北朝鮮のミサイル発射施設を先制攻撃する選択肢も内々に検討された。そんな秘密扱いの軍事情報は、同盟国の日本にも極秘裏にもたらされていた。当時の安倍晋三政権の中枢にいた人物が次のように明かす。

「ホワイトハウス高官から（先制攻撃に関する）ブリーフィングを受けた。ただ自分はその場で、それほど効果がないとも内心思った。あくまで限定的な攻撃だからだ」

二〇一七年の米朝危機

二〇一七年一月に就任したトランプ米大統領は「最大限の圧力」を掲げ、北朝鮮の非核化を目指した。具体的には、北朝鮮への経済制裁強化や密輸船舶の取り締まり徹底、朝鮮半島周辺への米戦略爆撃機や米空母機動部隊の派遣を通じ、圧力の最大化を狙った。これに対し北朝鮮は強硬姿勢で応じ、同年一一月までハワイや米本土にも到達可能とされる弾道ミサイルの発射を繰り返し、九月には水爆とみられる核実験も強行した。米朝両首脳らが互いを挑発する言葉を連呼する中、朝鮮半島の軍事的緊張が極度に高まる危機を招いた。

日本を射程に収める北朝鮮の核ミサイルは移動可能とされ、たとえミサイル一基の発射情報を事前に探知した米軍が巡航ミサイルを使って先制攻撃を加えたところで、核の脅威が激減するわけではない――。これがこの人物の見立てだった。

いずれにせよ、このころの緊張状態は関係者に不吉な予感を抱かせた。モーガンも「アメリカは当時『全ての選択肢がテーブルの上にある』と明言し（物理的な被害を相手に与える）キネティック攻撃もそこに含まれていた。軍事的なリスクをわれわれは認識していた」と語る。

▽レンズ

六〇年以上、停戦状態が続いた朝鮮半島で再び米朝が戦火を交えるのか。関係者が懸念を募らす中、二〇一八年の春先、事態は急展開を見せる。

三月上旬に訪朝した韓国大統領、文在寅の特使が、トランプとの直接会談を希望する金の意向を聞きつけると、特使は文の命を受けて即座に訪米した。それまで「最大限の圧力」を堅持してきたトランプは特使の説明を聞き欣喜雀躍《きんきじゃくやく》し、米朝首脳会談の開催を即断する。

そして六月のシンガポールでの初顔合わせ以来、計三度の直接会談が実現した。この間、トランプは金と「恋に落ちた」とまで言い放ち、その蜜月関係を誇示し続けた。

だが二〇一九年二月のハノイ会談の決裂が分水嶺《れい》となったのか、それ以降は非核化交渉が何ら前進せず、北朝鮮は核開発を続行した。保有核弾頭数は「最大六〇発」との見方もある。

初の米朝首脳会談という偉業達成にもかかわらず、なぜ非核化の道のりはこれほど遠いのか。

「われわれは自分のレンズを通して物事を見がちだ。トランプは一〇〇パーセント自身のレンズから北朝鮮を見てきた。だから、シンガポール会談時に（非核化に応じれば）北朝鮮の不動産開発が進展するというビデオを作り、上映した」。CIAやホワイトハウスで北朝鮮問題に長年関与した専門家スー・ミー・テリーの分析だ。

体制護持を確実にするため、喉から手が出るほど制裁解除と経済支援がほしい。かと言って非核化して国を開けば、外国からのヒト・モノ・カネの流通が始まり「開国」せざるを得ない。そんな開放路線で体制護持が本当に図れるのか――。平壌のレンズを通せば、トランプの申し出はこう映るのかもしれない。

自らの生存を賭して国家戦略を練り上げる北朝鮮に対し、大統領再選が最優先目標であり続けたトランプ。その戦略性の無さがアメリカ合衆国トップの「決意」を空回りさせ、核問題の出口を一層見えにくくさせたのかもしれない。

回顧と展望⑲　進展阻む四つの要素――示唆に富む専門家の洞察

二〇一八～一九年に繰り広げられた米朝両首脳の頂上外交にもかかわらず、なぜ北朝鮮核問題は解決へ向けた光すら見えないのか。一三年まで米上院外交委員会で議員外交を補佐し、通算五回の訪朝歴がある専門家キース・ルース氏の洞察が示唆に富む。同氏は一九年夏の取材で、米朝が長期的合意を得られない背景として次の四つの要素を挙げた。

「まずアメリカ国内政の優先課題ではないこと。ミサイルが（北米大陸に）飛んでくるまで、大統領に北朝鮮問題を解決しろと訴える有権者はいない」

二つ目の要素は「北朝鮮の現状維持を求める声が北京とワシントンにある」という事実だ。米軍が展開する韓国との緩衝地帯として北朝鮮の現状維持が望ましいとする意見は中国に根強く、アメリカ国内にも統一朝鮮が必ずしも親米政権になるわけではないとの懸念がある。

「三つ目はアメリカの官僚機構内に、北朝鮮の体制崩壊に期待する勢力があること」。トランプ大統領の補佐官だったボルトン氏に代表される超強硬派は「体制転換論」を信奉する。

最後の要素はアメリカの政治に影響力を持つ「軍産複合体」の存在だ。北朝鮮が日本を通過するミサイルを二〇一七年に撃った際、米防衛産業の株価が上がったとの報道がその証左だとルース氏は解説する。

日本政府は、大統領選挙でも北朝鮮核問題が主要な争点とならない米内政の冷厳な現実を直視し、朝鮮半島と東アジアに平和と繁栄をもたらす「大戦略」を自ら主体的に構想する必要性を再認識すべきだろう。

7章　中国の核

1.

日本がはめた核のたが

NPT加盟を後押し　世界三番目の保有国

「次の一〇年間で、現在二〇〇発台前半と推定される中国の核弾頭数は少なくとも二倍に増えるだろう。中国は核戦力を拡大し、近代化している」。二〇二〇年九月、米国防総省は議会に提出した年次報告書の中で「中国の核」に鋭い警鐘を鳴らした。

中国は今やアメリカとロシアに次ぐ世界三番目の核大国だ。それぞれ約一五〇〇発超を配備する米ロとは数量的に大差があるものの、大陸間弾道ミサイル（ICBM）、潜水艦発射弾道ミサイル（SLBM）、爆撃機からなる「核の三本柱」構築を着実に進めている。

▽激震

今からおよそ三〇年前、そんな中国を、国際的な核秩序に招き入れた人物がいる。日本の対中政策に長年関与し、二〇〇〇年代後半に駐中国大使を務めた宮本雄二《みやもとゆうじ》＝一九四六年生まれ＝だ。

「中国を核不拡散の国際メカニズムに取り込みたかった」。宮本がこのほど取材に応じ、一九九二年に中国が核拡散防止条約（NPT）に加盟した際の舞台裏を語った。

一九八九年春、中国共産党の改革派指導者、胡耀邦《コヨウホウ》の逝去を機に学生らが民主化要求運動を活発化させると、保守派主導で北京市に戒厳令が出された。軍は六月三日夜、制圧に乗りだし、四日未明には天安門広場に突入し鎮圧した。当局は死者数を三一九人とするが、正確な人数は不明のままだ。

この天安門事件で、中国は国際社会から制裁を受けて孤立を深めた。日中関係も激震に襲われ、外貨が不足する中国の経済発展にとって死活的な日本の対中円借款は凍結状態に陥った。「天安門事件が起きて中国の改革派は逆風にさらされた。だが、中国が国際社会との

中国の核戦力
世界の核データを収集する全米科学者連盟（FAS）によると、中国は二〇二〇年の時点で三二〇発の核弾頭を保有している。米国防総省は「二〇〇発台前半」としているが、この数字は実戦配備が即時可能な核弾頭とみられる。一九六四年に最初の核実験に成功した中国はその後、水爆も開発した。米本土を狙うICBM「東風31」「東風41」に加え、米領グアムまで届く「東風26」も核搭載可能とされる。SLBMや爆撃機も配備中だ。一方、平時には基本的に核弾頭と運搬手段を切り離しているとみられ、相手より先に核兵器を使わない「先制不使用」を宣言している。

関与を深める機会となる『改革・開放』の流れを絶やしてはならない。これが日本政府の考え方だった」。宮本が往時を回想する。

天安門事件から八カ月後の一九九〇年二月、宮本は外務省中国課長に就任した。以降、中国が排外的な文化大革命の時代に回帰しないよう、また改革・開放路線を再興して国際ルールに順応していくよう、外交工作を本格化させる。

▽態度変化

宮本は円借款再開のハードルを下げるべく、中国政府に対し態度変化を水面下で促し続けた。焦点を当てたのは、天安門事件直後に北京の米大使館に保護された反体制派の物理学者、方励之《ホウレイシ》の身柄問題だった。

中国公安当局は事件を受け、反革命宣伝扇動罪容疑で方の逮捕状を取り指名手配したが、米側は身柄の引き渡しを拒んだ。その後、米中間で神経戦が続く中、宮本ら日本の外交当局は中国に方の出国を求め、アメリカの動きを後押しした。

これが奏功し、一九九〇年六月、方のイギリスへの出国が認められると、首相の海部俊樹は翌月、米ヒューストンで開かれた先進国（G７）首脳会議で対中円借款再開を米欧首脳に打診する。宮本によると、異議を唱える首脳はいなかった。

方の出国実現に至る外交工作を周到に進め、中国の改革・開放推進の鍵を握る円借款問題をクリアした日本外交。ただ、宮本には釈然としない思いが残った。

「日本は円借款再開で大変な努力をする一方、恩恵を得る中国は方の出国を認めた以外に何もしていない。そこで思いついたのがＮＰＴだった」

▽被爆国の役割

宮本は中国課長になる前の一九八〇年代後半、軍縮課長を務めており、核軍縮・不拡散にも造詣が深かった。六四年に最初の核実験に踏み切った中国は九〇年代に入っても、ＮＰＴに未加盟だったのだ。

宮本は旧知の中国外交官、武大偉《ブダイイ》にこんな提案を非公式に行った。「中国もＮＰＴに入ってはどうか。円借款再開を決めた海部首相を助けることにもなる」。後に駐日大使も務める知日派の武だが、宮本の提案に「最初はすっとんきょうな様子」だったそうだ。

それでも、この後の中国の行動は素早かった。中国外務省が首脳部にＮＰＴ加盟の裁可を仰ぐと、ゴーサインが出た。

そして一九九一年八月一〇日、海部がG7首脳として天安門事件後に初めて訪中すると、人民大会堂で出迎えた中国首相の李鵬《リホウ》はこう伝えた。「中国は原則としてNPTへの参加を決定した」

核兵器国に軍縮努力を義務づけたNPTへの中国加盟は大きな国際ニュースとして世界を駆け巡った。この直前、フランスもNPT加盟を表明しており、中国としても決断を迫られていた。

当時の中国外相、銭其琛《センキシン》の回顧録にある次の件からも、日本の果たした役割が読み取れる。「日本は唯一の原爆被爆国であり、中国は日本人民の核拡散防止への関心の深さを理解できるので、海部首相の訪中に合わせて、原則的にNPTに加盟することを宣言した」

現在、激しさを増す米中対立を背景に核戦力増強に動く習近平《シュウキンペイ》体制下の中国。その中国にNPTという「核のたが」をはめたのは、他ならぬ日本だった。

回顧と展望⑳　正念場迎える日本外交──求められる戦略性

アメリカのトップが中国への敵対姿勢をむき出しにし「デカップリング（切り離し）」を公然と唱えた昨今、「新冷戦」への懸念が国際社会に渦巻く。米中の荒波をかぶる日本の外交も遠からず、大きな正念場に差し掛かるだろう。

米中とも軍事衝突は望まないが、南シナ海、香港、台湾などの問題で双方の主張がぶつかり合い、信頼回復の兆しは見えない。周辺海域では互いが軍事演習を繰り広げ、首脳外交の停滞を後景に偶発的な衝突がエスカレートする事態も排除できない。

こんな荒涼たる現実の中、日本が採るべき外交指針のヒントが、一九八九〜九一年に宮本雄二氏らが推進した対中外交に見いだせる。

戦術面で言うなら、米中の真意をくみ取りながら、双方に対して丁寧な外交を周到に行った宮本氏の外交術が今こそ不可欠だろう。

そして戦略面について考察するなら、中国を国際社会の秩序とルールにより建設的に関与させるべく、中国の国益を冷静に見極め、少しでも北京の態度変化につながる方策を中国、そしてアメリカと共に構想する沈着な態度が必要ではないか。

対中包囲網、日米豪印（ＱＵＡＤ）、自由で開かれたインド太平洋……。中国に対するけん制を連想させる政策が近年、模索されてきた。

中国を「友か敵か」と単純に識別するのではなく、いかにすれば日米中、そして国際社会の利益が重なり合うか。中国の行動変容を粘り強く、かつ静かに促す高度な戦略的外交が求められている。

2. 崩れる均衡、変わる方程式
ミサイル防衛が原動力に　戦力増強続ける北京

中国政府は一九九一年八月、民主化運動を弾圧した八九年の天安門事件後、G7首脳として初訪中した首相の海部俊樹に対し、NPT加盟を約束した。「核不拡散の国際秩序に中国を取り込む」ことを狙った当時の外務省中国課長、宮本雄二の対中工作が奏功した結果だった。

東西冷戦が終焉《しゅうえん》を迎え、欧州同様、平和と安定の時代が来ると期待されたアジアだったが、北朝鮮の核問題が一九九三〜九四年に深刻化し、九八年にはインドとパキスタンが競うように核実験を強行した。

そして二〇〇〇年代に入ると、「核兵器を敵より先に使わない」とする核の先制不使用を公言するなど抑制的な核政策を堅持してきた中国にも転機が訪れる。

▽「矛と盾」

「弾道弾迎撃ミサイル（ＡＢＭ）制限条約がなくなれば米ロ間の核軍備管理の柱が崩壊し、中国の核政策にも影響が出る。アメリカが条約を脱退しミサイル防衛を推進すると、中国には核兵器を増やす選択肢しか残らない」

二〇〇一年、日本の軍備管理・軍縮政策を所管するポストに就いた宮本は、アメリカでこの年に発足したブッシュ（子）政権の関係者にこう説いて回った。

米ソは冷戦時代、核ミサイルを撃ち落とすＡＢＭが本格導入されれば「恐怖の均衡」に基づく相互抑止が崩れると考えた。ＡＢＭという「盾」を十分に備えると相手の核攻撃を撃退できると過信してしまい、有事の際、先に「核のボタン」を押す誘惑に駆られかねないためだ。

また一方が「盾」を増やせば、他方はこれを突破しようと「矛」である核ミサイルを増強し、際限ない核軍拡競争に陥る。そんな悪循環を防ごうとしたのが一九七二年調印のＡＢＭ制限条約だった。

しかしブッシュ政権は二〇〇一年末、条約からの一方的脱退をロシアに通告した。弾道ミサイルを開発する北朝鮮やイランの脅威に対抗するには本格的なミサイル防衛が必要で、この条約が障害になると判断したからだ。

▽甘い読み

ただ、条約脱退に中国がどう反応するか、ブッシュ政権の読みは不十分で甘かった。宮本もその点を心配し「ミサイル防衛を進める際は、くれぐれも中国の要素を考慮してほしい」と米側関係者に注意喚起し続けた。

実際、宮本の懸念通り、アメリカのＡＢＭ制限条約脱退は中国の核政策に重大な影響をもたらす。

「アメリカのＡＢＭ制限条約脱退は中国の核を巡る物の考え方に深刻なインパクトを与えた。中国は脱退を防ごうと相当な外交努力をした。片や当のロシアはこの時、アメリカとより良好な関係を築こうと脱退問題で争わず、沈黙を保った」

北京にあるカーネギー清華グローバル政策センターの専門家趙通《チョウツウ》がこう解説し、説明を続けた。

「アメリカのミサイル防衛がもたらす脅威は、中国が自身の核抑止力の信頼性を維持するに当たり最大の懸案事項だ。そして中国がここ数年間、核戦力を増強する大きな原動力となった」

アメリカの脱退でＡＢＭ制限条約は二〇〇二年に失効、ブッシュ政権は以降、ミサイル防衛網の構築にまい進した。この動きに敏感な反応を示したのは、趙の指摘にあるように、同条約とは本来、直接関係のない中国だった。

ミサイル防衛網が整備されれば、アメリカよりはるかに少ない核ミサイルしか持たない中国の抑止力は無力化する。それを防ぐには米本土や在外米軍基地を確実に仕留める核ミサイル、つまり「盾」を突き破る「矛」を増やすしかない――。「矛と盾」の均衡が崩れたことで、中国の「核の方程式」にも変化が生じたのだ。

▽秋波

トランプ政権はミサイル防衛網の強化を進めた。二〇一九年には、中国がグアムなどを狙える中距離ミサイルを無制限に配備している現状を踏まえ、米ロ間の中距離核戦力（ＩＮＦ）廃棄条約からも脱退した。

そのトランプ政権は日本を含むアジア太平洋に、通常戦力型の中距離ミサイルを新規導入し、対中抑止力を強化する方策を検討した。バイデン政権になっても、その選択肢は消えていない。

これに中国は猛反発している。「日本がアメリカの中距離ミサイル配備を容認すれば、どんな帰結を招くか。その責任は日本が負うことになる」。中国政府当局者はこう断言し、新規ミサイルの日本配備には対抗措置を取るとけん制した。

一方、外交筋によると、中国の王毅《オウキ》国務委員兼外相は二〇二〇年に入り、日本側に「米中二国間の枠組みなら核問題を話し合える」と秋波を送ってきた。

これが日本へのミサイル配備を阻止するための外交戦術なのか、それとも、核軍拡競争を回避するために米中対話を真剣に進めたいという建設的な意思の表れなのか。

「矛と盾」の微妙な均衡に根差してきた核秩序が動揺する中、「中国の核」は漸進的ながらも着実に増大している。日米は今のところ、これに明快な解を持ち合わせていない。

コラム

被爆者の告発

放置された被害に光
手書きメモが真相暴く　非核の信念、政府動かす

「核兵器の使用による被害者（ヒバクシャ）ならびに核兵器の実験によって影響を受けた人々にもたらされた受け入れ難い苦しみに留意する」

二〇二〇年一〇月二四日、前文に被爆者の苦難が明記された核兵器禁止条約の発効が確定した。中米のホンジュラスが五〇番目に批准したこの日は、くしくも国連憲章発効から七五年の節目だった。核兵器を非合法化する初の国際法はその後、二一年一月二二日に発効した。これを機に、人類と核の歴史は新たな分岐点を迎えることになった。

▽きのこ会

ホンジュラスが条約を批准した日の一週間前、広島市内である誕生会が開かれた。原爆投下時に母親の胎内で放射線に射抜かれ、生まれながらにして脳と身体に障害を負った原爆小頭症被爆者の七四歳を祝う集まりだ。

毎年恒例の誕生会には近年一〇人前後の小頭症被爆者が出席してきたが、新型コロナ禍の影響で今回は三人。途中オンライン参加した一人がベッドの上から笑顔を見せた。

主催したのは支援団体「きのこ会」。日米両国が戦後二〇年間、原爆小頭症の被害実態を公にしない中、広島のジャーナリストらの実態究明を経て一九六五年に結成された。「きのこ雲の下で生まれた小さな命だが、木の葉を押しのけて成長するきのこのように元気に育ってほしい」。会の名称には親たちのささやかな願いが込められた。以降、両親や家族、ジャーナリストら支援者が手弁当で会を運営してきた。

だが戦後七五年という時の流れは冷徹だ。小頭症被爆者は二〇二〇年三月末で全国に一七人、会にはうち一六人が参加しているが、両親は既に全員が他界した。この誕生会から三週間後、会員の一人が慢性腎不全で天空へと旅立った。

▽恩人

誕生会ではきのこ会の恩人に黙とうがささげられた。二〇二〇年七月七日に八九歳で急逝した山内幹子《やまのうちみきこ》。「救われたのは山内幹子本人ではなかったかと思います。一緒に学んでいた人が原爆で亡くなり罪悪感を覚えていたので……」。会に出席した山内の長女原森泉《はらもりいずみ》＝一九五七年生まれ＝は参加者に謝意を示した。

原爆が投下された一九四五年八月六日午前八時一五分、広島市内の女学校に通っていた山内は爆心地から一二キロ超離れた江田島の切串港にいた。この日は午前七時台に出た空襲警報の影響で広島に向かう連絡船の到着が遅れ、難を逃れた。

山内は一九八七年にこんな手記を書いている。「（自分の学校は）一年生が一〇一名（建物撤去作業に）出動し一名だけ助かり、二年生は二三二名出動し、一名助かりました」

手記は続く。「私たちの住む切串は宇品の対岸にあり、広島湾を隔てて広島市の上空は手に取るようによく見えていました。その時、誰かが『あれは何？』と指さしたので見ますと、広島市の上空にボール程の銀色の玉が朝日を受けてまぶしく輝いています」

近くの防空壕《ごう》に逃げ込むとすぐに、ドーンというものすごい爆発音がした。数日後、市内に入った山内は残留放射線を浴び入市被爆者となった。

▽ABCC

被爆から一〇年後の一九五五年、山内はアメリカが設置した研究機関「原爆傷害調査委員会（ABCC、現・放射線影響研究所）」で働くことになった。ABCCはアメリカが戦後間もなく設置した研究機関だ。「調査すれども治療せず」と被爆者に疎まれた。

それでも山内は食べていくためにABCCに就職した。そんな山内に、働き始めてから一〇年後の一九六五年に転機が訪れる。

逝去する二年前、山内は取材に応じ、広島のジャーナリストらの依頼を受け、ABCCが調査する小頭症被爆者の個人情報を入手し、こっそり提供した経緯を明かした。「小頭症の人たちが不当な目に遭っていた。周囲から白い目で見られ、政府も知らん顔していた」

ABCCは原爆投下から数年後に胎内被爆者の調査を始め、一九五二年にはアメリカ人医師が「小頭症は爆心地からの距離との相関関係が証明された唯一の先天性異常である」とした論文を米学会誌に寄稿していた。

しかし日米両国はその被害実態に向き合わず、小頭症被爆者は放置された。憤りを覚えた山内は内部告発者となり、ＡＢＣＣが調べる小頭症被爆者の情報を暴露する。それが、きのこ会発足につながり救済の光となった。

「これはＡＢＣＣ内の各課を自由に出入りできる私にしかできない仕事だった」。こう証言した山内が自宅に残していた自筆のメモが、このほど見つかった。山内の死後、身辺整理をしていた原森が偶然発見したものだ。

原爆傷害調査委員会（ＡＢＣＣ）

日本に投下した原爆の放射線が人体に与える長期的影響の調査を目的に、一九四六年の米大統領令に基づき米科学アカデミー・研究評議会（ＮＡＳ・ＮＲＣ）に設置された機関。四七年に広島で、翌年長崎で調査を始めた。四八年から日本の国立予防衛生研究所（現国立感染症研究所）が調査に参加した。活動内容は寿命（死亡）調査、成人健康調査、被爆者の子どもを中心とした遺伝学的調査など。七五年、日米共同運営の財団法人「放射線影響研究所」に改組された。

メモは小頭症を調べるＡＢＣＣの医師二人が一九五六年に発表した論文の裏に書かれており、小頭症被爆者の個人名と生年月日、性別が記されている。

この論文には一六人の小頭症被爆者の「マスターファイル（カルテ）」のナンバーが記されており、山内はこれを基にメモを作成したようだ。

ＡＢＣＣ内で被爆者のカルテを自由に閲覧でき、自らの入市被爆体験に根差した強固な非核の信念を内に秘めた山内にしかできなかった内部告発。一九六七年九月、日本政府は原爆小頭症を原爆症にようやく認定した。

回顧と展望㉑　核の非人道性を告発――小頭症支援の「きのこ会」

日米で核問題を取材し続け三〇年近くになるが、このテーマにこだわり続けた原動力は、一九九四年の夏、原爆小頭症被爆者の父親が取材の終わり際に発した一言にある。

「自分がいなくなったら、この子は一体どうしたらいいんだ……」。母親は既に他界し、七八歳の父親は散髪屋を営みながら、四八歳になる小頭症の娘の面倒を見ていた。

何の罪もない人間を瞬時に殺りくするのみならず、母親の胎内に宿った命にまで襲いかかる核兵器。原爆小頭症は、絶対悪の非人道兵器がいかに残虐かつ破滅的で、許されないおぞましさを内包しているかを冷厳に物語っている。

「治らないからこそ援護が必要だった。なのに厚生省（現厚生労働省）は認定できないことを理由に放置し続けた」。広島のジャーナリストで「きのこ会」創設者の一人、故秋信利彦《あきのぶとしひこ》氏は約三〇年前の取材で、原爆症認定を巡る国との闘いをこう回顧した。

秋信氏の他にも中国新聞記者だった故大牟田稔《おおむたみのる》氏が原爆小頭症の真相究明に心血を注ぎ、国内外にその実相を告発し続けた。内部告発者として彼らに情報提供した故山内幹子氏の遺品の中には、大牟田氏が書いた英語論文「広島における小頭児」も含まれていた。

きのこ会の運営は現在、小頭症被爆者の兄を持つ長岡義夫《ながおかよしお》会長、秋信氏が勤務した中国放送の記者でもある平尾直政《ひらおなおまさ》事務局長らが担う。大牟田氏の次男で大阪の放送局勤務の大《お》牟《む》田《た》聡《さとる》氏も広島に足を運んで支援を続ける。俳優の斉藤とも子氏も会の中心メンバーだ。

8章　未知なるリスク

際限なき技術競争　新領域の極超音速、ＡＩ

二〇一九年八月八日、ロシア北西部アルハンゲリスク州の集落ニョノクサ近郊。北極圏に近いバレンツ海の最南端、白海に面した海軍実験場で突如、巨大爆発が起きた。

「爆発に起因する事象は国際監視制度（ＩＭＳ）下にある（ロシア国内の）四つの監視施設で探知された。三つが地震波、残り一つは微気圧の振動を観測する施設だ」

地震波などから核実験を探知するため、世界中に約三〇〇の監視施設を張り巡らす包括的核実験禁止条約（ＣＴＢＴ）機構準備委員会（本部ウィーン、以下準備委）は、すぐさまこうツイートした。

▽隠蔽工作？

一方、ロシア側の説明は二転三転した。

ロシア国防省は発生直後「ジェットエンジンの爆発で六人が死傷」と発表したが、国営原子力企業ロスアトムは二日後に「同位元素を使用した燃料エンジン装置の実験中の事故」と説明を修正した。核燃料絡みの事故が疑われる中、ロシア気象庁は事故直後の周辺地域の放射線量が自然界の一六倍に一時上昇したと公表した。

この間、地震波と微気圧振動を当初探知したロシアのIMS監視施設からウィーンの準備委へのデータ送信が突然止まった。この事態を受け、準備委事務局長のラッシーナ・ゼルボは八月一八日、ツイッターで「監視施設で生じた技術的な問題の解決に努めている」とつぶやいた。

準備委との契約で監視施設を管理するロシアが事故関連情報の流出を恐れ、データ送信を遮断する隠蔽《いんぺい》工作に出たのではないか――。こんな見方が国際社会で強まった。

▽無敵のミサイル

謎に包まれた爆発事故から二カ月後の一〇月一〇日、舞台は軍縮問題を扱うニューヨークの国連総会第一委員会へと移った。

「ロシアは八月八日のスカイフォール事故を巡る多くの疑問に答えなくてはならない」。こう言明した米国務副次官補のトム・ディナノは、ロシアが軍縮条約を順守していないと指弾しながら、さらに批判を続けた。

「ニョノクサ近郊で起きた爆発は、原子力を推進力とする巡航ミサイルの回収作業中に発生した核反応だ。アメリカはそう結論付けた。昨年の早い段階に行われ失敗に終わった実験の後、問題のミサイルは白海の海底に沈んでいたのだ。しかも人口密集地に近い場所で」

スカイフォール——。空が落ち、この世が終わることを暗示する。ディナノが爆発事故の関連で口にしたこの言葉は、ロシアの原子力推進式巡航ミサイル「ブレベスニク」の西側の呼称だ。

ブレベスニクは、二〇一八年三月一日、ロシア大統領のウラジーミル・プーチンが年に一度の年次教書演説で公表した六種類の新型戦略兵器の一つだ。

「核弾頭を搭載するこのミサイルは（動力となる）小型原子炉を内蔵しており航続距離は事実上無限である」。ブレベスニクの性能を誇示するプーチンはさらにこう強調した。

「既存のミサイル防衛や防空システム、また将来のシステムに対しても無敵なのだ」

▽不信感

「ニョノクサ近郊の巨大爆発はブレベスニクの回収作業中に起きた核事故」。国際社会はこんな米側分析の真偽を客観的に検証するすべがなく、爆発事故の全貌は依然、秘密のベールに包まれたままだ。

しかしながら、大勢の耳目を集めたこの事故と、それに先立ちプーチンが発表したブレベスニクの開発計画は、冷戦時代に米ソが築き上げた「戦略的安定」が瓦解《がかい》しつつある実情を際立たせた。

戦略的安定とは、アメリカとソ連が核兵器を大量に持ち合うことで確実な報復能力を温存し、相手の先制核攻撃を未然に防ぐことを狙った「相互核抑止」に立脚する概念だ。下手に「核のボタン」を押せば、相手の核報復でこちらの国土が焦土と化しかねない。こんな「恐怖の均衡」に根差し、不安定な核時代をより安定軌道で相互共存していこうというのが、戦略的安定の目的だ。

だが「ロシアを敵とは見なさない」と公言したアメリカのブッシュ（子）政権が今世

弾道弾迎撃ミサイル（ＡＢＭ）制限条約

弾道ミサイルを撃ち落とすＡＢＭの保有によって、先制攻撃の誘惑が増して核抑止が崩れるのを防ぐため、一九七二年にアメリカとソ連が調印した。全土を守る大規模なミサイル防衛システムの配備のほか、海上、空中発射型の迎撃実験などを禁じた。九八年の北朝鮮の長距離ミサイル「テポドン」発射などを受け、ミサイル防衛の導入を急ぐブッシュ（子）政権がこの条約を障害とみなし、二〇〇一年一二月、条約維持を求めるロシアのプーチン政権に離脱を通告、条約は半年後に失効した。

紀に入り、ミサイル防衛の構築にまい進し、弾道弾迎撃ミサイル（ＡＢＭ）制限条約から一方的に離脱したことで、プーチンはワシントンへの不信感を強めた。

そしてロシアは現在、ミサイル防衛網を突破する戦略兵器を配備すれば対米抑止力が堅持できると考え、新型核開発に猛進する。ブレベスニク以外にもマッハ一〇の極超音速ミサイル「キンジャル」の開発が進められ、核搭載可能な極超音速弾頭「アバンガルド」が既に実戦配備されたとの情報もある。

「戦略的安定が崩壊する……」。二〇一九年に東京を訪れた元米政府高官は、日本人専門家の前でこう嘆いた。核軍縮条約が失効する後景で極超音速兵器や人工知能（ＡＩ）、宇宙、サイバーといった新領域で際限なき技術競争が続く。ますます混沌《こんとん》とする世界。「未知なるリスク」が肥大化している。

回顧と展望㉒　高まる核リスク――抑止の要諦いずこへ

「核抑止を確実に機能させるためには何が必要か。それを探る研究を一九八〇年代に行った。研究の結論は『米ソ関係は例外だった』ということだ。両国は互いを理解しようと情報を集め、対話を通じて抑止が機能するよう努めていた」

二〇〇五年のインタビューだが、米共和党政権の核戦略策定に関与してきたキース・ペイン博士の言葉が忘れられない。「抑止力の要諦」を簡潔に論じているからだ。

第二次世界大戦のいわば帰結として登場した核兵器を大量に持つに至ったアメリカとソ連。冷戦が熾烈《しれつ》化する一方で、両国は一九五〇年代から相手の真意を読み取ろうと、首脳外交やスパイ情報活動など多様な意思疎通のチャンネルを使って「対話」を試みた。

そして核使用の危険もあった一九六二年のキューバ危機以降は、核軍縮・軍備管理交渉を通じ、互いの核使用を抑止する仕組みの制度化を試みた。ミサイルという「矛」を撃退する「盾」の最小化を狙ったＡＢＭ制限条約が、その最たるものだ。

しかし、トランプ政権の四年間でＩＮＦ全廃条約は失効、他の軍縮・不拡散の枠組みからもアメリカは離脱した。その背後で、ロシアと中国はアメリカ同様、核の近代化を進め、相手の「盾」を打ち破る極超音速兵器の開発を急ぐ。

さらにＡＩやサイバー、宇宙など新しい要素が入り乱れ、米ロ中の安定した戦略的関係の構築がますます困難になる中、核使用のリスクも相対的に高まっている。

2. 不信の連鎖、見えぬ解

サイバー攻撃で核戦争も　バイデン大統領の船出険しく

「バイデンはホワイトハウス入りした後、数週間内に多くの枢要な問題で選択を迫られるだろう。とりわけ重大な決定は、長距離弾道ミサイルを撃ち落とす海洋発射型の新たなミサイル防衛システムの導入を推進したトランプ時代の拡大路線を前に進めるか否かだ」

米シンクタンク軍備管理協会の会長ダリル・キンボールが二〇二〇年の米大統領選挙後に語った。

二〇二一年一月二〇日に史上最高齢の七八歳で新大統領に就任したジョー・バイデン。核政策にも造詣が深いベテラン政治家がまず直面するのは、キンボールの指摘通り、近年、核大国間の微妙な均衡を崩す要因となってきたミサイル防衛を巡る判断だ。

▽暗黙のルール

トランプ政権は四年間で核大国間の「暗黙のルール」を変質させた。その象徴が、日本の国防にも影響のあるミサイル防衛計画の見直しだ。

ドナルド・トランプより前の大統領は党派を問わず、ミサイル防衛の目的を、北朝鮮やイランなどいわゆる「ならず者国家」が発射するミサイルの迎撃に限定してきた。米ミサイル防衛網がロシアや中国の大陸間弾道ミサイル（ＩＣＢＭ）を迎撃できる機能を持てば、自身の対米核抑止力が無力化される事態を恐れる中ロ両国は核戦力などの増強にまい進、核大国間の軍拡競争が一気に激化する恐れがあるからだ。

そのためブッシュ（子、二〇〇一〜〇九年）政権の時代から、アメリカは本土防衛のための迎撃ミサイルをアラスカとカリフォルニアに計四四基配備するにとどめてきた。この能力では中ロのミサイル攻撃に対する有効な「盾」にはならない。

しかしトランプ政権は二〇一九年、「ミサイル防衛の見直し（ＭＤＲ）」を発表し「ミサイル防衛能力の開発・配備へのいかなる制約も受けない」と宣言した。中ロに対抗するため、宇宙空間も使った迎撃システムの構築を目指す新方針を打ち出し、ミサイル防衛拡大路線へと舵を切る動きだった。

「ミサイル防衛を近代化する。宇宙は新たな戦闘領域だ」。トランプがこう表明すると、宇宙領域も視野に入れた大国間競争は、ほとんど不可逆的な流れへと転じていった。

▽迫られる選択

アメリカとの共同技術開発を進めてきた日本もこの動きと無縁ではない。

二〇二〇年一一月一六日午後八時前の太平洋ハワイ沖。闇夜を航行する米イージス艦ジョン・フィンから黄金色の火の手が上がり、迎撃ミサイル「SM3ブロック2A」が天空へ放たれると、飛来するICBMを模した標的を大気圏外で捉えて撃ち落とした。

SM3ブロック2Aはミサイル防衛の一環として日米が長年、共同開発してきた。防衛相の岸信夫《きしのぶお》はこの迎撃実験成功から三日後の会見で「日米の優れた技術を結集した成果だ。配備を着実に進め、弾道ミサイルの脅威の対処に万全を期したい」と胸を張った。

SM3ブロック2Aはもともと、北朝鮮のミサイル開発が進む中、短・中距離ミサイルの迎撃を想定して開発された。だが、ミサイル防衛拡大路線を走るトランプ政権の下、中ロのICBMにも応用可能であることがこの実験で裏付けられた。

トランプはSM3ブロック2Aのイージス艦への本格配備へ向け、議会に多額の予算計上も求めた。仮にこの路線が継承されて太平洋にイージス艦が展開すれば、ミサイル防衛網は格段に強化される半面、中ロはこれを突破しようと質的な核軍拡へとさらに向かい、極超音速ミサイルなどの開発・配備を加速させる公算が大きい。

バイデンはトランプの敷いたミサイル防衛拡大路線を踏襲するのか否か。その選択は、日本を取り巻く安全保障環境をも大きく左右する。

▽新たな角逐

米中ロの戦略的な関係を揺さぶる要因は、ミサイル防衛や宇宙だけではない。今後懸念されるのはＡＩ、サイバー分野での角逐だ。

米ハンプシャー大名誉教授のマイケル・クレアは二〇二〇年一二年、ＡＩとサイバーが絡んで核戦争に至る四つのシナリオを米専門誌で次のように解説した。

①高性能センサーとＡＩプロセッサーを内蔵した無人機群が相手国の軍艦船や防空レーダー、対空・対艦ミサイル、主要な通信・指揮・統制・情報（Ｃ３Ｉ）機能を破壊。

ＳＭ３ブロック２Ａ

弾道ミサイルの迎撃を目的に日米両国が共同開発した改良型迎撃ミサイル。弾頭を覆う先端部分などに日本の技術が利用されている。海上自衛隊が使用するＳＭ３を改造したもので、防護範囲が広がり命中精度が高まる。短距離から中距離のミサイル迎撃を想定して開発された。ただＩＣＢＭの迎撃や、通常より高い高度に打ち上げて迎撃を困難にする「ロフテッド軌道」の弾道ミサイルへの対応も期待されており、中ロは警戒している。

攻撃された国はこれを敵の核使用の前兆と勘違いし、自分たちの核戦力が破壊される前にこれを使おうと核攻撃に動く。破壊されたC3Iが核運用機能を備えている場合、その危険性はより高まる。

②多数の超音速ミサイルが交戦初期に使われ、①同様、相手のC3I機能などを破壊。攻撃を受けた側は敵の核使用が切迫していると危惧し、先に核攻撃を仕掛ける。超高速ミサイルは飛行時間が極端に短く、核・非核両用であるため攻撃された側は相手の真意を見極めにくい。またC3I機能が劣化すると、受けた攻撃の性質を精確に把握できないため「最悪の事態」を想定しがちとなり、危険性が倍加する。

③紛争の直前や勃発時に、敵国の通常戦力による反撃能力をそごうと、早期警戒システムやC3I機能へのサイバー攻撃を敢行。相手の核攻撃を早期に探知・警戒するこれらのシステムは核・通常戦力運用と連動しているため、サイバー攻撃を受けた国の指導者はこれを核攻撃の前触れと受け止め、自分たちが持つ核ミサイルを即座に発射する。

④戦闘行為の迅速性と複雑性が高まる中、大国は、敵国の動きを知らせるセンサー情報を分類し、敵国の意図を計算し、最適の反撃オプションを選択するに当たって、AIを駆使したマシーン（機械・装置）にいっそう依存するようになる。そうなれば、

人間が戦闘行為に関わる重要な決定をマシーンに委ねる危険性が増す。これらのマシーンは社会的・政治的脈絡を慮る能力に欠けている上、ハッキングやなりすましにも脆弱であるため、極端な反撃オプションを提示するかもしれず、不用意な軍事エスカレーションに結びつく。

クレアはAI、サイバーへの過度の依存が相互不信と誤解の連鎖を招き、核戦争にまで突き進む恐れがあると警鐘を鳴らす。米ロ、米中の関係が史上最悪レベルに陥る中、未知なるリスクへの明快な「解」は見えない。

回顧と展望㉓　問われる被爆国の役割――軍縮終焉論に抗して

米ロ間の信頼醸成を狙った中距離核戦力（ＩＮＦ）廃棄条約やオープンスカイ（領空開放）条約から一方的に離脱したトランプ米政権の四年間で、軍縮の枠組みは大きく損なわれ、核を巡る国際秩序は深刻な揺らぎを見せた。

そんな中、専門家の間では近年「軍備管理・軍縮の終焉《しゅうえん》論」がささやかれるようになった。

二〇二〇年一二月にあった日本の国際安全保障学会でも終焉論と日本の安全保障を巡って専門家が議論を交わし、「米ロの信頼関係の崩壊」や「法の支配への信頼性欠如」が終焉論の背景にあるとの分析が示された。

登壇した亜細亜大の向和歌奈《むかいわかな》講師は取材に「最初から信頼がなくても、一緒にルールを作っていこうという機運がかつてあった。それが今はない」と言及した。さらに、バイデン政権下で米ロの関係再構築と米中の戦略対話がどこまで進むかが、今後の核秩序再興の鍵を握ると指摘した。

核軍縮は「真冬の時代」を迎え、大国間競争を後景に米中ロは核戦力の近代化に加えて宇宙も視野に軍拡へと走る。そして核兵器国に愛想を尽かした非核兵器国は核兵器禁止条約を誕生させた。

核を巡る厳しい国際環境の下「唯一の被爆国」の役割が問われている。

「核なき世界」にたちまち行き着く簡単な答えはない。それでもアメリカの動向にただ右往左往するのではなく、被爆体験に根差して核廃絶の必要性を説く「道徳的権威」に立脚しながら、核軍縮終焉論に抗する確かな歩みを進めていくしかない。

あとがき　「第三次核時代」と核の大分岐

本書を刊行することが決まった二〇二一年の春先、アメリカの保守本流を体現してきた一人の大物外政家が大往生を遂げた。

ジョージ・シュルツ。享年一〇〇歳。

第四〇代アメリカ合衆国大統領のロナルド・レーガン（一九八一～八九年）の下で国務長官、同じ共和党の第三七代大統領リチャード・ニクソン（六九～七四年）の政権では労働長官、財務長官の閣僚ポストを歴任した。

晩年は米西海岸のスタンフォード大学に籍を置き、第四三代のジョージ・W・ブッシュ大統領（二〇〇一～〇九年）の国家安全保障担当補佐官や国務長官を務めたコンドリーザ・ライスら共和党外政家の指南役だった。

そんな米外交界の大御所であるシュルツに二〇〇九年夏、一度だけインタビューさせていただいた。いつ足を運んでも輝かんばかりの清新な美しさを心象に投影してくれるスタンフォードのキャンパス、その一角にあるシュルツのオフィスでのやり取りだった。

▽レイキャビク再訪

「四人が小さなテーブルを囲んで議論した。一方の端に（ソ連共産党書記長のミハイル・）ゴルバチョフ氏、もう片方にレーガン氏。（エドアルド・）シェワルナゼ・ソ連外相がゴルバチョフの隣、私はレーガンの隣に座った」

温かい大きな笑顔で迎えてくれた後、翌年九〇歳を迎えるシュルツは、やがて四半世紀前の出来事となる歴史的場面を絞り出すような声で回想し始めた。

一九八六年一〇月一一、一二の両日、北欧アイスランドにある世界最北の首都レイキャビクで開かれた米ソ首脳会談。「核兵器の大幅削減を議論し、『完全廃棄できればいい』というところまで話が進んだ」。シュルツが証言を続けた。

広島、長崎への原爆投下から四一年が経過したこの時、東西両陣営の盟主として冷戦下で鋭く対峙し続けたアメリカとソ連は「核ゼロ」で合意しかけていた。最初の五年間で長射程の戦略核を半減、次の五年間で短距離用の戦術核も含む核兵器を全廃――。開示された米側会談録によると、ゴルバチョフは「われわれは核兵器を廃絶できる」と言明し、シュルツは「そうしよう」と即答している。

だが、大きな障害が立ちはだかった。当時「スター・ウォーズ計画」と呼ばれた米戦略防衛構想（ＳＤＩ）だった。レーガンはＳＤＩの研究・開発推進の立場を最後まで崩そうとせず、これにゴルバチョフが反発し「核なき世界」は幻に終わった。シュルツはインタビューで、レーガンがＳＤＩを諦められなかったことが大きかったと指摘した。

米側会談録には、シェワルナゼが交渉決裂前に言い放った、こんな言葉も刻まれている。「歴史的偉業達成まであと一歩……次の世代がこの会談録を読み、われわれがこの好機を生かせなかったことを知ったら、彼らはわれわれを許さないだろう」

そんなレイキャビク会談から二〇周年となる二〇〇六年。シュルツは在籍するスタンフォード大学の同僚で物理学者のシドニー・ドレルと話し合った結果、核兵器の軍縮・廃棄へ向けた公論をもう一度惹起するため、「レイキャビクを『再訪』してみてはどうか」との共通認識に至ったという。

それにしても、この時期になぜ「レイキャビク再訪」だったのか。シュルツより一足早い二〇一六年に鬼籍に入ったドレルが生前、インタビューでこう解説してくれた。「核拡散が切実な問題になってしまった。だから、ジョージと私は『何か行動を起こさなければならない』との結論に達した」

レイキャビクでの会談時、冷戦終結に向かうとば口に立っていたレーガン、ゴルバチョフ、シュルツらは「核なき世界」に手が届きそうな人類史の一大転換点にいた。翌一九八七年には中距離核戦力（ＩＮＦ）全廃条約がレーガンとゴルバチョフの間で調印され、米ソの二大核兵器国が初めて特定の核戦力を廃棄する金字塔を打ち立てた。

さらにゴルバチョフの下で改革路線が一気に進み、遂にはあのソビエト連邦が消滅した。同時代を生きる多くの人が衝撃と驚き、そして歓喜を覚えたのではないか。二〇世紀の「アンシャン・レジーム（古い体制）」である冷戦構造に完全なる終止符が打たれ、そのレジームを下支えしてきた核兵器も「アンシャン・リソース（古い国力）」として姿を消すのかと思われた。しかし、だ。現実はあまりに冷厳かつ冷徹であった。

▽「第二次核時代」

レイキャビクへの「再訪」、つまり核廃絶へ向けた機運をもう一度盛り上げようとシュルツとドレルが意を決した二〇〇六年は、核を巡る国際政治にとって暗い一年だった。

核拡散防止条約（ＮＰＴ）からの脱退を宣言して核兵器開発に邁進する金正日率いる北朝鮮は、アメリカ独立記念日の七月四日（米国時間）から五日にかけ、長距離弾道ミサイル「テポドン2号」など七発のミサイルを発射、ロシア沿海地方南方の日本海に着弾した。これから三カ月後の一〇月九日（日本時間）には初の核実験に踏み切り、九番目の核兵器国として名乗りを上げた。

二〇〇二年に国外にいる反体制派の暴露で核開発が明らかになったイランは、〇六年に入りウラン濃縮活動を再開させ、四月には国際世論に抗う形で低濃縮ウランの製造に成功したと世界に宣言した。今なお解決の見通しが立たないイラン核問題は、この年、つまり〇六年を大きな転機に深刻化していった。

そのイランと不倶戴天の関係にあるNPT未加盟の核兵器国のイスラエルは同年、イランが支援するレバノンのイスラム教シーア派民兵組織「ヒズボラ」と本格的な戦闘を繰り広げた。二〇〇三年開戦のイラク戦争が決定打となった中東の混迷はカオスへと化していった。

また二〇〇六年のこの時、核超大国のアメリカとロシアの核軍縮プロセスは停滞期にあった。国連での採択から一〇年となる包括的核実験禁止条約（CTBT）も米中やインド、パキスタンなどが背を向け、発効のめどは全く立たなかった。こうして核軍縮と核不拡散は手詰まりに陥り、国際的な機運は明らかに萎えていた。

この当時、ホワイトハウスの主だったブッシュ（子）大統領の側近らは押し並べて核軍縮に後ろ向きであり、アメリカのミサイル防衛に神経をとがらせるロシアのウラジーミル・プーチン大統領も同様だった。

こんな核軍縮の「冬の時代」であった二〇〇〇年代、米欧の専門家の間では「第二次核時代」という言葉が膾炙した。

冷戦が終焉し、米ロ間で本格的な核交戦がたちまち起きるとは考えにくい時代背景の中、アメリカは北朝鮮やイランといった「ならず者国家」（ブッシュ）を新たな主敵と位置づけた。そして米中枢同時テロの「9・11ショック」が冷めやらぬ中、国際テロ組織「アルカイダ」などテロ組織が核爆弾や核物質を密かに入手し、核テロを強行するシナリオを恐れた。

依然として世界に君臨していた核超大国アメリカは、核兵器を含む大量破壊兵器（WMD）とテロの「結合」を冷戦後最大の脅威とみなした。その文脈で、核物質の防護・保全を世界的に強化する半面、北朝鮮やイランのみならず、テロ組織に対しても有効な抑止力の「解」を核兵器に求めようとした。敵の地下施設を核で壊滅する「強力地中貫通型核（RNEP）」や低出力型の「小型核」の必要性が米政府の内外で論じられ、ブッシュ政権は実際、新型核計画に予算を投じていた。こうしていつの間にか、核が復権していった。

米ソが数万発単位の核兵器を大量保有し、「相互確証破壊（ＭＡＤ）」の名の下、先に「核のボタン」に指を掛けた者が、相手の大量核報復に遭って滅亡の憂き目に見舞われるという「恐怖の均衡」。そんな文字通りＭＡＤ（狂気）な時代は、広島、長崎への核攻撃で幕を開けた「第一次核時代」だった。

「第一次核時代」の末期、レイキャビクで米ソは核廃絶の千載一遇の好機を得ながらも、これを逸したがゆえに、核兵器の悪運は尽き果てることなく、二〇〇〇年代の「第二次核時代」へと突入してしまった。しかも、核を持つプレーヤーが新たに増え、テロ組織までもが核保有を目論む恐ろしい時代となってしまった。

シュルツとドレルはそんな核拡散と核テロの恐怖に象徴される「第二次核時代」を反転させたいとの一心で、「レイキャビク再訪」を唱えたのだった。

▽人類の岐路
核廃絶を志向した「レイキャビク精神」の再興を誓ったシュルツ、さらに彼に共感したヘンリー・キッシンジャー元国務長官、ウィリアム・ペリー元国防長官、サム・ナン

元上院軍事委員長は二〇〇七年一月四日、米紙ウォール・ストリート・ジャーナルに「核兵器のない世界」とのタイトルで寄稿し、核拡散や核テロを現実的な脅威と捉えた上で、具体的な核軍縮・不拡散政策を発表した。それは核リスクが高まる「第二次核時代」からの大胆な方針転換を促す、人類への警句でもあった。

同じ二〇〇七年、八月に四六歳を迎えたバラク・オバマが第四四代アメリカ合衆国大統領を目指す活動を本格化させた。そんな彼が掲げた松明は「チェンジ（変化）」。この若き民主党の黒人政治家は、シュルツやドレルらの動きと平仄を合わせるように核軍縮・不拡散政策の重要性を唱え、「核なき世界」の訴えに共鳴していく。

そして二〇〇八年一一月の大統領選挙で当選すると、オバマは核リスクが高まる「第二次核時代」に変化をもたらそうと、〇九年四月五日、チェコ・プラハでかの有名な演説を行う。「核兵器を使った唯一の核大国として、アメリカは行動する道徳的責務がある」。こう力説したオバマは「核兵器のない世界の平和と安全を追求する」と世界に誓約した。そして具体的な施策も明示しながらの核廃絶構想は国際世論の大きな支持を集め、オバマはこの年のノーベル平和賞を受賞する栄誉に授かった。

しかし、核を巡る現実とオバマの掲げる理想はあまりに隔絶していた。ロシアとの間で二〇一一年、配備戦略核を一五五〇発にまで減らす新戦略兵器削減条約（新START）を締結したものの、プーチンがクレムリンの最高権力者の座に返り咲くと、クリミアを強制編入し、米ロ関係は一気に凍てつく。爾後、米ロの核軍縮交渉は一向に進まず、オバマの後に登場した「異形の大統領」ドナルド・トランプは米ロ協調の成果でもあるイラン核合意やINF全廃条約から一方的に離脱し、米戦略原子力潜水艦への小型核配備や新型巡航核ミサイルの研究開発へと「核の歯車」を負の方向へと回し続けた。

しかもトランプは、アメリカのミサイル防衛網を強化することで、ロシアや中国の弾道ミサイルをも撃破する方針を声高らかに宣言し、「矛」（ミサイル）と盾（ミサイル防衛）」の微妙なバランスの上に成り立っていた「戦略的安定」という従来の「核の方程式」を複雑化させてしまう。

こんなアメリカの動向をロシアと中国が、指をくわえて見ているはずもない。案の上、アメリカとの大国間競争の渦中にある両国は、新型核ミサイルや極超音速兵器といった新たな「矛」の獲得に血眼となり、AIを内蔵したドローンやサイバー、宇宙といった新領域でも「矛」の刃先を鋭く研ぎ澄ます動きを加速させている。

加えて、北朝鮮とイランの核問題は時の経過とともに深刻化し、中東では原油依存体質からの脱却を図るサウジアラビアが中国と組んで独自の原子力計画を進行させる。NPTの枠外にいるインドとパキスタンの関係改善もままならず、南西アジアの「火薬庫」は現在も火種がくすぶり続けている。北朝鮮の核兵器国化が不可逆的なものとなり、もしイランが北朝鮮の先例に倣えば、テヘランのシーア派指導体制を敵対視するサウジはもちろんのこと、韓国も不穏な行動に出る可能性も全くゼロではないかもしれない。

二〇二一年の今この瞬間、私たち人類は、不安定で不透明で不気味で出口の見えない「第三次核時代」に突入しようとしている。ただ暗たんたる現状の中にも、一筋の光明がある。それは、同年一月に発効した核兵器禁止条約だ。核兵器との共存を半ば未来永劫続ける針路に決然と「ノー」を突きつける果敢な試みである。核を取り巻く国際的な大状況が大転換を見せる中、岐路に立つ人類が目指すべきもう一つの道筋を指し示している。

▽戦慄の念

核兵器禁止条約の発効直後に天空に旅立ったリアリストのシュルツが、今の眼下の状況をどう見詰めているのか。果たして、この条約にもろ手を挙げて賛同を表明しているのか。その答えは知るよしもないが、この稀代の外政家が亡くなる三年前に米議会で放った言葉を最後に刻んでおきたい。

"I fear people have lost that sense of dread."

あえて英語の原文で紹介したが、シュルツの言う"sense of dread"とは、二発の核爆弾が半年足らずの間に二一万人もの尊い命を奪った広島、長崎の人間的悲惨さ、また核戦争の瀬戸際まで行った一九六二年のキューバ危機の実体験の恐怖がもたらした「戦慄の念」と表現するのが適切なのかもしれない。

核兵器という存在そのものが生身の人間に実感させる「戦慄の念」。それを多くの現代人が忘却しつつあるのではないか——。

こんなシュルツの強烈な危機感と鋭い警鐘の先に待ち受けるものは、いったい何なのか。それが人類史上、三度目の実戦核使用でないことだけを祈りたい。そして、そうならないよう、また、そうさせないよう、これからも取材を続けていきたい。シュルツが仕えたレーガンが喝破したように、核兵器とは"immoral(不道徳、人の道から外れている)"

な存在でしかないのだから。

この本を閉じる前にたくさんの感謝の気持ちをお伝えしたいと思います。

まずこの本を読んで下さった多くの読者の方に。そして取材に応じて下さった多くの「核のプロ」たちに。

特に貴重な証言をして下さった阿部信泰さん、美根慶樹さん、沼田貞昭さん、平林博さん、数原孝憲さん、宮本雄二さん、原森泉さん、趙通さん、タウキ・フェルキさん、リチャード・アーミテージさん、トーマス・カントリーマンさん、リチャード・ネフューさん、ジョン・ボルトンさん、ジョセフ・ユンさん、アラステア・モーガンさん、スー・ミー・テリーさん、ダリル・キンボールさん、マイケル・クレアさん、そして既に鬼籍に入られた山内幹子さん、シドニー・ドレルさん、ジョージ・シュルツさん、兒玉光雄さんに衷心より感謝と尊敬の念をお伝え申し上げます。ありがとうございました。

いつもご助言をいただいている共同通信の先輩や同僚、客員教授を務める早稲田大学、長崎大学の先生方、学生の皆さんにも御礼申し上げます。

この本の編集と出版を最後までお支え下さった、かもがわ出版編集主幹の松竹伸幸さん、ありがとうございます。

最後に、何よりも大切な家族に。愛する子どもたちと最愛の伴侶に、心からありがとう。

太田昌克（おおた・まさかつ）
早稲田大学政治経済学部卒、政策研究大学院大学で博士号。共同通信社に入社し、広島支局を皮切りに外信部、政治部、ワシントン特派員などを歴任。現在は同社編集委員・論説委員、早稲田大・長崎大客員教授。
著書に、『日米〈核同盟〉』（岩波新書）、『日米「核密約」の全貌』（筑摩書房）、『「核の今」がわかる本』（講談社）など多数。

核の大分岐　既存秩序の溶解か 新規秩序の形成か

2021年6月1日　　第1刷発行

著　者　太田昌克
発行者　竹村正治
発行所　株式会社かもがわ出版
〒602-8119　京都市上京区堀川通出水西入
TEL 075-432-2868　FAX075-432-2869
振替 01010-5-12436
ホームページ http://www.kamogawa.co.jp
印刷所　シナノ書籍印刷株式会社

ISBN978-4-7803-1159-4 C0031